La Dra. Belisa Lozano-Vranich es psicóloga clínica y consultora para la National Mental Health Association en Washington, D.C. Escribe para *Latina*, *Jane*, el *New York Post*, *Men's Fitness* y AOL. Tiene una práctica privada en Manhattan en donde se especializa en ayudar a las mujeres, y recientemente, fue nombrada una de las latinas sobresalientes del 2003 por *El Diario/La Prensa*.

El Dr. Jorge Petit es actualmente Profesor Clínico del Departamento de Psiquiatría de la Escuela de Medicina del Mount Sinai, y vice-presidente del Departamento de Psiquiatría del North General Hospital.

Los autores han aparecido en *Good Day New York*, tienen un programa de radio semanal en CNN y son los expertos médicos para AOL Latin America. Ambos viven en la ciudad de Nueva York.

Una Guía para Ayudar
a las Latinas a Reconocer
y Superar la Depresión

Una *rama de* HarperCollins*Publishers*

Elogios para *Las Siete Creencias*

"¡Bravo! Los doctores Jorge y Belisa han conseguido escribir un libro lleno de ideas, inmensamente útil en un lenguaje amigable y claro, para ayudar a la mujer latina, quien sabemos es más susceptible a la depresión. Este libro llena un vacío, y debe ser leído por todos quienes tengan contacto con la depresión, sea a través de experiencia personal o profesional."
—Carmen Inoa Vazquez, autora de *La Paradoja de María* y
   Criando a su Niño con Orgullo Latino

"La reacción que hemos recibido con este libro en MiGente.com es fenomenal. Este libro le ha dado a las latinas que utilizan nuestro sitio Internet la esperanza de que pueden superar la depresión, y más importante aún, les ha mostrado que no están solas. *Las Siete Creencias* ha generado un diálogo necesario acerca de la desmitificación de la depresión, y acerca de cómo la comunidad latina debe aprender a afrontarla."
—Luz Maria Castellanos, editora de MiGente.com

"Los autores han escrito un libro muy importante para nuestra época. En los Estados Unidos, la población hispana está creciendo a una velocidad impresionante. Asimismo, los índices de depresión entre latinas son muy altos. Este libro les ofrece la ayuda que necesitan para reconocer a afrontar los problemas de la depresión."
—Lloyd H. Rogler, Ph.D., Albert Schweitzer
   Professor Emeritus, Fordham University

"Me asombran las estadísticas sobre la enfermedad en nuestra comunidad. Pero este libro no es sobre estadísticas sino sobre aliento y soluciones. . . . No es un libro sobre terapia, sino sobre la manera en que podemos atacar los problemas que a veces nos hacen perder el control."
—Rossana Rosado, Leyendo con Rossana,
   El Diario/La Prensa

"Los Drs. Vranich y Petit atacan la depresión de frente, en este bellísimo y poderoso libro. *Las Siete Creencias* combina la sabiduría tradicional con la orientación médica adecuada y ayuda a los lectores a encontrar una manera de sanarse y llevar una vida que sea física, emocional, espiritual y culturalmente balanceada."
—Meri Nana-Ama Danquah, autora de *Willow Weep for Me:*
   A Black Woman's Journey Through Depression

"*Las Siete Creencias* es un libro muy importante tanto para individuos como para profesionales de la salud mental . . . llenos de detalles compasivos que ilustran el estigma que deben enfrentar las latinas que luchas contra la depresión, al igual que sus familias. Más que nada, este libro nos ofrece esperanza, el sentimiento que está a la base de la recuperación de la depresión."
—Michael M. Faenza, Presidente y CEO
   de la National Mental Health Association

"*Las Siete Creencias* es un libro fascinante. Habla de la enorme necesidad que hay de servicios de salud mental en una comunidad que hasta ahora ha sido subestimada en esta área. El presidente de los Estados Unidos creó la New Freedom Commission on Mental Health con la firme intención de cambiar el sistema de la salud mental en Estados Unidos, y uno de los propósitos de esta comisión es el de eliminar la inigualdad que existe en los servicios de salud mental. Este libro le da la mano a la comunidad latina, desbancando mitos y mostrándole a las latinas que sí se puede pedir ayuda y mejorar de calidad de vida. Mis felicitaciones a Jorge Petit, M.D., y a Belisa Lozano-Vranich, Psy.D., por este libro tan innovador y perspicaz."
—Sharon Carpinello, RN, Ph.D., Acting Commissioner of Mental
   Health, New York State Office of Mental Health

"*Las Siete Creencias*: por fin, después de treinta y seis años de práctica, encontré un libro culturalmente competente acerca del tema de la depresión en las latinas. Este libro no se basa en estereotipos, ni tampoco alimenta ningún tipo de mitos acerca de las latinas. Aprecio en particular, la habilidad que tienen los autores para hablar de las creencias latinas más básicas, y definir cómo es que pueden chocar con el entendimiento que tiene la sociedad occidental de esta enfermedad. Para beneficiarse de los consejos contenidos en este libro, el lector tiene que comprender lo que sienten las latinas que crecen atrapadas entre dos culturas. Este libro es para todas las latinas que luchas contra la depresión, al igual que para sus seres queridos. Ofrece apoyo y esperanza. Es, además, lectura obligatoria para aquellos profesionales de la salud mental que buscan manera de comprender y ayudar a las latinas que sufren de depresión. Uno de los mejores libros en el campo!"
—Josie Torralba Romero, MSW/LCSW, Presidente de la National
   Latino Behavioral Health Association

Las Siete Creencias

Belisa Lozano-Vranich, Psy.D.

Jorge Petit, M.D.

Este libro se escribió solamente como fuente de información. La información presentada en este libro no debe considerarse bajo ninguna circunstancia como substituto de asesoramiento, decisiones u opinión del doctor o de otro consejero profesional. Se ha hecho todo lo posible para determinar la precisión de la información contenida en este libro al momento de su publicación. Los autores y su editorial deniegan expresamente responsabilidad por cualquier efecto adverso que pudiese surgir debido al uso o aplicación de la información presentada en el libro. Se han cambiado los nombres de las personas a fin de proteger su privacidad. Para más información, conéctese a www.alsofa.org

LAS SIETE CREENCIAS. Copyright © 2004 por Belisa Lozano-Vranich, Psy.D.; y Jorge Petit, M.D. Traducción © 2004 por HarperCollins Publishers, Inc. Todos los derechos reservados. Impreso en los Estados Unidos de América. Se prohibe reproducir, almacenar, o transmitir cualquier parte de este libro en manera alguna ni por ningún medio sin previo permiso escrito, excepto en el caso de citas cortas para críticas. Para recibir información, diríjase a: HarperCollins Publishers Inc., 10 East 53rd Street, New York, NY 10022. Los libros de HarperCollins pueden ser adquiridos para uso educacional, comercial, o promocional. Para recibir más información, diríjase a: Special Markets Department, HarperCollins Publishers Inc., 10 East 53rd Street, New York, NY 10022.

Agradecemos a los siguientes por el permiso de reproducir los siguientes materiales: Test del Estresómetro (página 110) a alsofa.org por las citas de Camille Mojica Rey, Ph.D., © Latina magazine, Marzo 2001.

Diseño del libro por Kate Nichols

Este libro fue publicado originalmente en inglés en el 2003 en Estados Unidos por Rayo, una rama de HarperCollins Publishers. PRIMERA EDICIÓN RAYO, 2004.

Library of Congress ha catalogado la edición en inglés como:
Lozano-Vranich, Belisa
The seven beliefs: a step-by-step guide to help Latinas recognize and overcome depression / Belisa Lozano-Vranich & Jorge Petit.—1st ed.
p. cm.
ISBN 0-06-001265-X (hc)
1. Depression in women—Popular works. 2. Hispanic American women—Mental health—Popular works. I. Petit, Jorge. II. Title.
RC537.L69 2003   616.85'27'0082—dc21   2002037033
ISBN 0-06-0535237 (pbk.)

04 05 06 07 08 DIX/RRD 10 9 8 7 6 5 4 3 2 1

Índice

Prefacio

Cuando tuve en mis manos este libro, el color azul cielo de su portada, la naturaleza difusa y el título me motivaron a buscar de inmediato, lo que sus autores pensaron al escribirlo. Conforme iba pasando las páginas, internamente me decía: esto sirve para sutanita, esto otro para perenganita . . . y esto también para mí.

Conocí al doctor Jorge Petit, tal y como una periodista conoce a un experto. Como corresponsal principal del programa de investigación *Aquí y Ahora* de la cadena Univision, viajé a Nueva York para hacer una historia sobre los problemas mentales que padecen jóvenes hispanos. Requeríamos por tanto de un médico especializado (y reconocido) en el campo de la conducta de los latinos, que además tuviera otros requisitos nada comunes: un español perfecto y estar en Manhattan. "Tengo a la persona más que ideal" nos dijo el Bureau de asignaciones del canal 41 de Nueva York. De inmediato fuimos referidos a Jorge Petit quien resultó ser tal y como nos recomendaron: Un médico que sabe llegar justo al punto sin dar rodeos y que además tiene la gran virtud de saber comunicar en forma sencilla lo que el público en general-no el docto y enterado de las cosas—necesita saber. Sobra decir que aquella historia quedó interesante y y muy informativa. En ese momento supe, que Jorge Petit tendría que dejar testimonio escrito de su experiencia.

Poco después me enteré que había escrito este libro, (que devoré literalmente de corrido) y seguí pensando lo mismo: Jorge Petit y Belisa Lozano-Vranich su co-autora, conocen el valor de la palabra y lo mezclan perfectamente con su experiencia. De manera que sin pensarlo pero con el valioso conducto de los libros de autoayuda que son los psicólogos de bolsillo, Petit y Lozano-Vranich, logran magistralmente el cometido de *"estar ahí a mano, para cuando alguien los necesite."*

Las Siete Creencias: Una Guía Para Ayudar a las Latinas a Reconocer y Superar la Depresión se convierte en una biblia sencilla para las latinas, en el d*o-it-yourself* hispano, de quienes sufren en silencio y simplemente tienen terror de confiar aún a sus más cercanos algo tan íntimo: *"Sí, soy víctima de la depresión y además, no tengo dinero para tratarla."* Esto es algo común —y más entre latinos— ¿Porqué? Bueno, por la errónea creencia de que un trastorno sicológico equivale a estar loco . . . o por lo menos, a ser señalado de eso, con las consecuencias sociales que provoca.

Siempre me he preguntado . . . ¿Porqué nadie hace nada al respecto? ¿Por qué fingimos no saber, como si nadie hubiera tenido en su vida una etapa depresiva? o peor aún: ¿Porqué ignoramos un problema doloroso y silente que ataca a millones de hispanas en los Estados Unidos?

Después de leer el libro, las preguntas salen sobrando. ¿Quién puede decir que no tiene dinero para lidiar con la "depre" como se dice ahora en forma "cool"? Nadie, así de sencillo, porque esta es una guía para eso, y para muchas otras cosas, como creer en uno misma.

Porque conozco a Jorge Petit, sé que él y Belisa Lozano-Vranich pasaron años recopilando testimonios de pacientes, sé que tardaron años en comprender a través de su práctica médica diaria, las causas que nos llevan a las latinas a caer víctimas de lo que queremos ser y que no podemos lograr.

Como hispana que hace un acto de contricción en este prólogo, y que por tanto reconoce en varios momentos haberse deprimido, tengo que dar las gracias a los autores por hacernos entender que depresión no significa pecado, y que hay formas y señales para vencer. Después de leer *Las Siete Creencias* tengo que agradecerles también, que me llevaran en este viaje de ida y vuelta al laberinto de la mente que permite planear cambios, creer en el cuerpo, en el espíritu, y más importante aún: que muestra que las hispanas son mujeres que tienen la fuerza de remontar lo que sea. ¡Y que alguien diga lo contrario!

Un millón de gracias.

—Maria Antonieta Collins

Miami, Florida, 14 de Noviembre de 2003

Prólogo

Encontrar las palabras para explicar un dolor que se siente en lo profundo es algo sumamente liberador y fortificante. Para algunas personas puede significar poco menos que la diferencia entre vivir una vida plena o morir lentamente. Ése era el caso de una joven que conocí hace algunos años. Se llamaba Norma.

Conocí a Norma, de dieciséis años, y a su madre, cuando yo trabajaba para la compañía de televisión Fox. Ellas eran el objeto de una historia que se estaba haciendo acerca de las latinas y la depresión. Nunca olvidaré su historia.

De padres colombianos, Norma nació y se crió en Queens, Nueva York. Norma sufría de una depresión severa que la tenía durmiendo hasta dieciocho horas al día.

El padre de Norma, un cariñoso *papá* tradicional, no sospechaba que su hija sufría de depresión y, para sacarla de la cama para que fuera a la escuela, la trataba de "vaga" o "mal agradecida." La acusaba de ser egoista que estaba desperdiciando todas las oportunidades y los sacrificios que él había hecho para vivir en los Estados Unidos.

Por otro lado, la madre de Norma sentía que su hija "no estaba bien" y que sufría de algo grave, pero no sabía qué mal aquejaba a su hija. Un día leyó un artículo en el periódico acerca de la depresión. En un momento que meses después describiría como equivalente a haber recibido un mensaje de Dios, la mamá de Norma aprendió el nombre de la enfermedad que estaba echando a perder la juventud de su hija, quien antes había estado tan llena de vida. Recuerda que lloró y dijo en voz alta, "Mi hija sufre de depresión."

Con mucho valor, la mamá buscó ayuda médica para su hija, incluso sesiones de terapia tres veces a la semana. No le hizo caso a su esposo, quien tildaba de locas a madre e hija por continuar con la terapia. Ellas encontraron una terapeuta latina que comprendía su dinámica cultural y familiar y, combinando a la vez medicamentos y psicoterapia, Norma pudo librarse de su depresión. Ahora estudia comunicaciones en la universidad.

Eso pasó hace cinco años. Norma es una de las afortunadas. La verdad es que en nuestra comunidad latina se sabe muy poco acerca de la depresión. Mucha de nuestra gente permanece sin diagnóstico. Innumerables seres queridos sufren en silencio, desperdiciando su vida y sus sueños. Muchas de esas personas son nuestras hermanas, madres, hijas, abuelas, cuñadas, madrinas, comadres, primas, tías, vecinas y amigas.

Si bien la depresión aún resulta odiosa para la sociedad norteamericana en general, en nuestra comunidad latina equivale a un tabú. Es como una burla o maldición que se vive en secreto y con vergüenza. Los mitos alrededor de esta enfermedad mental están muy arraigados—tan arraigados que se han convertido en parte de nuestras tradiciones. Sin embargo, la depresión, aunque sea grave, puede ser tratada.

La historia de Norma permaneció grabada en mi memoria porque comprendí el increíble valor que habían tenido tanto la madre como la hija para iniciar y continuar el proceso de recuperación. Me refiero a ambas porque aunque era Norma quien sufría de depresión, era también un asunto de familia. Cuando un miembro de la familia latina se enferma, toda la familia sufre. Los tres miembros del hogar sufrían de depresión, aunque de diferentes maneras.

Para Norma y su madre, la ayuda vino en forma de un artículo en un periódico. Para miles de latinas en este país, creo que la ayuda vendrá con el nombre de *Las Siete Creencias*. En este valioso libro que tienes en las manos, los autores, la doctora Belisa y el doctor Jorge, explican de manera cuidadosa y sencilla lo que es la depresión y presentan un sistema de creencias que ellos consideran como esencial para ayudar a las latinas a recuperarse. Está escrito dentro de un contexto que honra nuestras tradiciones y costumbres. Es comprensible, ameno y vigorizante.

Si has elegido este libro porque sospechas que tú o algún ser querido sufre de depresión, ¡felicitaciones! Estás en camino a sentirte completa otra vez. No te aburrirás con terminología médica ni sentirás que se están burlando de ti con bromas innecesarias. En cambio, se te guiará, informará y fortalecerá para que puedas finalmente expresarte y comprender qué es lo que te aqueja a ti o a tu ser querido. Este libro te mostrará algunas maneras en las que tú o un ser querido pueden recuperarse de la depresión. Ten fe en que volverás a estar bien, y así será.

No hay que dejarse desanimar porque un ser querido te tilde de loca cada vez que sales rumbo a tus sesiones de terapia. Este libro te hará sentir que no estás sola ¡ni tampoco loca!

Hay libros que te tienden la mano para ayudarte a sanar, y éste es uno de ellos: te tenderá amablemente la mano para que con coraje empieces un recorrido que si bien será difícil, te volverá más fuerte.

—Sandra Guzmán
autora de *The Latina's Bible: The Nueva Latina's Guide to Love, Spirituality, Family, and La Vida*

Agradecimientos

Resulta irónico que la persona más instrumental en el sustento y desarrollo de este libro sobre la depresión se apellide Alegría. Nuestro editor, René Alegría, ha sido sin duda la fuerza detrás de este libro desde su inicio, ya que se dio cuenta de que ayudar a las latinas a hacerle cara a la depresión es un asunto muy serio para el cual se necesitan interés y lectores. Agradezco al autor y colega, el doctor Lloyd Rogler, por su incesante apoyo y su joya de texto *Theoretical and Conceptual Issues in Hispanic Mental Health;* y a Meri Nana-Ama Danquah por su aliento en el desarrollo inicial de la idea para este libro y por su coraje al escribir *Willow Weep for Me: A Black Woman's Journey Through Depression: A Memoir.* Durante el proceso de redacción de este libro, muchas personas nos ofrecieron su apoyo y nos infundieron ánimos: Tomasito y Saralda Ortiz, Leticia Montalvo, Elizabeth Medina, Theresa Keane, Megan Kingsbury y Alichka Pistek. Gracias a todos por sus amables palabras de apoyo y por su lealtad como amigos. Sandra Guzmán, eras mi inspiración aun antes de conocerte, y ahora eres mi mentora y mi hermana de por vida. Camille Mojica Rey, has sido una santa; siempre he podido contar con tu opinión perspicaz o con una amable palabra oportuna. Mis colegas y compañeros de consultorio, la doctora Joyce Wyden y el doctor Lawrence Balter, han sido mentores durante mi educación y han sido fuente de inspiración en mi carrera profesional. Quisiera reconocer al personal de la Asociación Nacional para la Salud Mental (NMHA) en Washington D.C., la Campaña Soy Única, Soy Latina de SAMSHA, la Asociación de Profesionales Hispanos de la Salud Mental y la Alianza Nacional para los Enfermos Mentales (NAMI); su dedicación al trabajo que realizan en nuestra comunidad a nivel popular, educando y representando nuestros intereses, es admirable. Y quizás lo más importante, las fuertes y maravillosas mujeres que inspiraron este libro, mis pacientes latinas durante los últimos diez años. Su tolerancia y su ingenio ante la adversidad, su sentido del humor y su tenacidad me han motivado en el ejercicio de mi profesión de terapeuta. Les agradezco que hayan compartido sus historias; ustedes son la verdadera inspiración y el alma de este libro.

—Dra. Belisa Lozano-Vranich

. . .

Este libro se inspiró en las mujeres más importantes de mi vida: mi abuela, Josefa, por su intenso y admirable entusiasmo por la vida y por darme el ejemplo de cómo vivir plenamente; mi madre, Marta, por su constante e incondicional amor y dedicación desde el principio, y por haberme enseñado que todo es posible; mi tía, Susana, por ser la mejor madrina que se puede tener y por ser una inquebrantable fuente de amor y apoyo; y mi hermana, Vanessa, cuya sensibilidad y habilidad para reír y llorar (muchas veces al mismo tiempo) la convierten en una maravillosa compañera, amiga y confidente— definitivamente la mejor hermana que se puede tener. Las quiero muchísimo a todas.

A la otra mujer de mi vida, Belisa, sin ti esta labor nunca hubiese sido tan divertida. Eres única y una verdadera inspiración para mí y para todas las personas que conocen tu belleza interior y exterior. Me alegra que nos hayamos topado y hayamos decidido trabajar juntos en algo. ¡Qué aventura resultó ser!

Y más significativamente, mi agradecimiento más profundo y amor imperecedero los dedico a Fernando, por ser parte de mi vida, por haberme impulsado a ver que no hay límites y que todo es posible, y por hacerme creer que podía lograr otras metas. Te debo mi agradecimiento por esto y mucho más.

Por último, este libro es acerca de las pacientes latinas; sin ellas, nada de esto hubiese sido posible. Este libro es acerca de ustedes y para ustedes. Gracias por permitirme ser parte de su vida y de su historia. Son la razón principal de nuestra labor y el motor de nuestros esfuerzos y de este libro.

—Dr. Jorge Petit

Introducción

¿Quién eres?

Mírate al espejo. Tal vez tus ojos son verdes o quizás son de color café. Tal vez eres trigueña o rubia. Quizás eres americana de primera generación, la primera en tu familia que vive en los Estados Unidos. O tal vez eres americana de quinta generación, cuya familia llegó aquí hace ya muchos años. Tal vez eres el tipo de persona que otros inmediatamente reconocen como hispana; o a la inversa, existe la posibilidad de que hayas visto a alguien alzar una ceja o de que hayas descubierto una expresión de asombro cuando comienzas a hablar en español porque, después de todo, es posible que no parezcas hispana conforme al estereotipo popular. Pero más allá de lo que indiquen tus características físicas y sin importar en qué idioma decidas hablar, ya sea en tu lengua materna o en inglés, la lengua adoptada por tu familia, eres latina. Más allá de los antecedentes personales de tu familia, como latina eres la heredera cultural de una historia antiquísima de entereza de espíritu, de carácter y de influencia de las creencias.

Una creencia es una fuerza poderosa. Cuando se aprovecha, es capaz de mover montañas y ayudarnos a superar dificultades y obstáculos. El sistema de creencias de las latinas es particularmente poderoso. Generalmente, creemos en las amplias tradiciones de nuestra cultura, en las expectativas que nuestra familia tiene para nosotras, en nuestras sólidas convicciones religiosas y espirituales, y, tal vez en menor grado, en nuestras experiencias modernas, experiencias que pueden llegar a estar en conflicto con otras tradiciones establecidas. Este conflicto entre lo moderno y lo tradicional, combinado con las dificultades a las que nos vemos enfrentadas como inmigrantes, es lo que echa las raíces de uno de los problemas más difundidos, si bien rara vez discutido, que afecta a las latinas de hoy: la depresión.

LAS LATINAS Y LA DEPRESIÓN

Las estadísticas muestran que es muy posible que las latinas sean más susceptibles a la depresión que las mujeres de otros grupos étnicos. Pero, ¿por qué?

Las latinas, sin darnos cuenta, nos ajustamos a muchos patrones culturales y tradiciones al intentar hacerle frente a los problemas que nos presenta la vida. Tu sistema de creencias afecta profundamente la forma en que sobrellevas la vida y la forma como determinas las expectativas que tienes para ti misma y para los demás. Como latina que eres, puedes *sentirte* americana, pero tal vez busques consuelo en las tradiciones, costumbres y creencias típicas de la cultura latina. Todos sabemos que una de las características comunes entre los latinos es el deseo de mantener la privacidad de la familia; por lo tanto, cuando te enfrentas a un problema como la depresión, es probable que resistas decir algo al respecto o buscar ayuda porque no quieres que "nadie se meta en tus asuntos." Es posible que sufras interminablemente, que te niegues a buscar ayuda, esperando a que las cosas pasen, pero esto rara vez sucede. Esta respuesta es una reacción basada en la cultura, arraigada en las tradiciones de la privacidad familiar que nos legaron nuestros padres y abuelos. Así es como a ellos les enseñaron a aguantar las cosas; y así es como a su vez, te enseñaron *a ti* a sobrellevar las cosas.

Entre la cantidad de tabúes culturales que afectan la decisión de una latina de buscar ayuda, o de ayudar a otros a buscarla, existe la opinión de que si necesitas ayuda, estás loca. En la cultura latina, que a alguien se le tilde de loca puede ser una de las peores suertes. Por último, todo lo que tenga que ver con tu bienestar emocional, tu salud mental o tu mente no debe ser tema de conversación y mucho menos por fuera del hogar. Es por esto que las latinas no escatiman esfuerzos para negar su evidente necesidad de ayuda. Es más, inventamos excusas, tratando de convencer a nuestros seres queridos, a otros y hasta a nosotras mismas de que las cosas no están tan mal, y recurrimos a eufemismos al referirnos a los problemas de la salud mental.

Tenemos muchas maneras de decir "loco," y éstas varían según el país de origen. Hay quienes tratan de no tomarlo en serio y otros minimizan lo que podría ser un grave problema:

- rayado (Colombia)
- chalado (España)
- le falta un tornillo
- está crackeado (Spanglish)
- pirado (Argentina)
- tornado (Perú)
- le patina el coco

Cómo Superar el Estigma de la Depresión: *¿Qué Dirá la Gente?*

Como latina del nuevo milenio, debes entender que si bien la mayoría de las creencias establecidas pueden ser una magnífica fuente de consuelo y fuerza para adquirir una nueva sensación de poder, algunas creencias y tradiciones, aun aquellas que atesoramos, podrían ser perjudiciales para tu salud, tu psiquis, tu espíritu. Es en ese momento en que tus creencias piden a viva voz ser examinadas, deliberadas y compartidas; te debes a ti misma, se lo debes a tus hijos, a tu familia y a tu futuro mismo, entender que tal vez sea necesario modificar o descartar algunas creencias para ser más feliz y más saludable. Aún más importante es que si vas a desarrollar el poder necesario para buscar ayuda y enfrentar la depresión que aflige a muchas latinas y afecta nuestra salud mental y nuestro bienestar, te informes bien sobre los particulares de esta aflicción y las opciones que tienes.

Salud mental es un término muy amplio: se refiere no sólo al funcionamiento mental óptimo sino también a cómo la gente sobrelleva y resuelve los aspectos personales, emocionales y espirituales de su vida. Si bien es sólo uno de los elementos de nuestra salud total, es sumamente importante porque, al final, la buena salud mental es lo que nos permite llevar una vida productiva, gratificante y emocionalmente satisfactoria. *Ser saludable* implica, por consiguiente, que tienes el deber contigo misma y con aquellos a quienes amas y que te aman a ti, de hacer todo lo posible para fomentar y mantener no sólo tu salud mental sino también la salud de todo tu cuerpo durante toda la vida. A su vez, esto significa que debes buscar ayuda cuando ocurre la depresión.

¿Dónde y Cuándo Ocurre la Depresión?

La depresión puede atacar a cualquiera, sin importar la edad, o el momento. Puede afligir a niños, adolescentes, adultos y aun a personas de la tercera edad. Afecta a personas de todos los grupos étnicos y raciales, de todos los grupos religiosos, de ambos sexos y de todos los niveles económicos. Podría afectar a tu madre, que está envejeciendo y se siente sola y triste porque sus hijos se han ido del hogar; ella tal vez está pasando mucho tiempo encerrada, sin hacer nada y sintiéndose inútil. Podría afectar a tu hija adolescente, que pasa todo su tiempo libre en su cuarto con la puerta cerrada; tal vez tiene problemas en la escuela o dice sentirse desesperanzada. Tu prima, que a lo mejor es tu amiga más cercana, puede tener pensamientos suicidas y se ha alejado de ti y de tu familia. Quizás tú misma tengas problemas para conciliar el sueño; tal vez te sientes culpable o cansada todo el tiempo, y estos sentimientos de tristeza no se te pasan. Es imprescindible que conozcas las señales y síntomas de esta enfermedad que afecta a tantos, para que puedas ayudarte a ti misma y a los tuyos. La persona que sufre de depresión no logra alcanzar el nivel de funcionamiento necesario para cumplir con las responsabilidades que tiene hacia su cónyuge, sus compañeros, sus hijos, sus padres, su empleador, y hacia su propia persona.

Queremos recalcar que la depresión es diferente a la tristeza normal. Todo el mundo, en un momento u otro, puede llegar a sentirse triste o solitario, especialmente cuando se termina una amistad, o perdemos el trabajo o experimentamos la muerte de un ser querido. Estos sentimientos de tristeza pueden ser muy intensos, pero tienden a mejorar con el tiempo y rara vez llegan a desbordar en algo tan debilitante que no podamos funcionar. La depresión, por otra parte, afecta no sólo a la persona que padece de ella sino también a la familia inmediata y a su círculo social, causando ira, frustración, preocupación extrema, temor y hasta penurias económicas.

Entonces, ¿por qué razón nosotras, las latinas, dudamos tanto a la hora de buscar ayuda para la depresión cuando la necesitamos? La depresión es una aflicción grave que afecta a más de diecinueve millones de adultos en Estados Unidos, pero el estigma social que se le ha adherido a la frase "enfermedad mental" es una barrera para nosotras las que necesitamos ayuda. A pesar de la cantidad de tratamientos disponibles, sólo el 25 por ciento de los adultos mayores de dieciocho años que sufren de depresión buscan ayuda o reciben tratamiento. En contraste, entre sesenta y ochenta por ciento de los adultos con enfermedades cardiacas buscan y reciben tratamiento. Ambas enfermedades pueden resultar en el mismo fin trágico, pero como las enfermedades cardiacas no llevan el peso de un estigma, la inmensa mayoría de aquellos afligidos por ellas buscan activamente la ayuda que necesitan para curarse. Quienes sufren de depresión no lo hacen.

EL PODER DE NUESTRAS CREENCIAS

En nuestro consultorio, trabajando con latinas y sus familias a lo largo de los años, hemos visto cómo nuestras creencias, nuestra propia apreciación de esas creencias, nuestra confianza en nosotras mismas y aquello que necesitamos y merecemos para ser felices y sanas pueden funcionar juntas para convertirse en una poderosa herramienta en el proceso de superación de la depresión.

Las Siete Creencias es un resumen de nuestras experiencias, de lo que nosotros, en calidad de doctores trabajando con latinas, hemos recogido y destilado en el curso de estos años de labor. Asimismo, y tal vez esto sea más importante, es un instrumento que te permitirá adquirir el poder para obtener la información que necesitas para vivir la vida de la forma más sana y feliz posible, a la vez que mantienes fuertes lazos con tu herencia hispana.

En este libro, examinaremos todas las razones por las cuales las latinas se privan de buscar ayuda para combatir la depresión. Exploraremos los diferentes tabúes que aún existen en todo lo que tenga que ver con el tema de la salud mental en la comunidad latina, y consideraremos cómo podemos—dentro de los parámetros de nuestra maravillosa cultura y de nuestras tradiciones—deshacernos de estos tabúes y encarar dignamente nuestras necesidades y nuestra salud. A pesar de que presentamos *Las Siete Creencias* como un arma para ayudarte a trascender las barreras que te impiden buscar la ayuda que necesitas, nos regocijamos en la realidad de nuestro caleidoscopio de tradiciones y culturas latinas. Las creencias de nuestra cultura están arraigadas en la comodidad y en el consuelo, nos son familiares y, al final, contribuyen a determinar quiénes y qué somos. Por lo tanto, nos esmeramos en utilizar lo mejor de nuestra cultura y de nuestras tradiciones a fin de reunir las fuerzas necesarias para romper los patrones más destructivos que amenazan con perjudicar nuestra salud—y el mas pernicioso de todos, es no buscar ayuda cuando la necesitamos.

En *Las Siete Creencias* exploraremos cómo nuestras tradiciones y creencias nos afectan y cómo luchamos para sobrellevar la depresión: esta enfermedad inefable que atormenta a tantas latinas. Ofrecemos ideas y consejos prácticos sobre la depresión: cómo reconocerla en ti y en otros y qué hacer una vez la has reconocido. Compartimos contigo las increíbles historias personales de muchas personas que hemos visto y tratado con el correr de los años, gente de todo el país y hasta personas de Centroamérica y Sudamérica, cuyos historiales clínicos captan la amplia diversidad de nuestra comunidad y resaltan la urgente necesidad que hay de información.

Las Siete Creencias te ofrecerá soluciones inmediatas: las creencias te encaminarán, guiarán y servirán de aliciente para reforzar tu noción de quién eres como latina del siglo veintiuno. Tal vez aún más importante es que te enseñarán a conocerte a ti misma. Creemos que cuanto más te conozcas a ti misma, cuáles son tus necesidades, tus deseos, tus anhelos, tus temores y tus puntos fuertes—más fácil te será derribar las barreras que te impiden vivir la vida plenamente. Una vez que tomes las riendas de tu vida, podrás ayudarte y hasta ayudar a otros—tu cónyuge, compañero, padre o amigo—a tomar las riendas de su propia vida, haciéndole frente a la depresión y encontrando una solución.

Las Siete Creencias desafiará tus creencias de toda la vida. Como ya lo hemos dicho, es posible que sea necesario modificar algunas de esas creencias. Sin embargo, hay otras que hay que mantener, conservar y atesorar porque son una parte importante de tu identidad latina. En ese espíritu, te invitamos a tomar *Las Siete Creencias* muy a pecho: apunta las creencias y léelas en el autobús, en el tren, por la mañana al levantarte, o antes de irte a dormir por la noche. Mantén la lista donde la puedas leer en cualquier momento. En tu afán por superar la depresión o ayudar a alguien a hacerlo, *Las Siete Creencias* será el sistema y la guía que te ayudará a hacerte cargo de tu salud emocional, manteniéndote fiel a tu familia y a tu poderosa cultura y herencia latina.

CREER EN TI MISMA

Creo que tengo el poder de educarme y cambiar mi situación. Creo que puedo unificar mis necesidades espirituales, personales y psicológicas, e integrarlas al mismo tiempo que honro mi herencia y mis tradiciones culturales. Creo que debo cuidar de mi cuerpo y de mi alma. Creo que puedo cuidar de otros sin perjudicar mi futuro y mi bienestar emocional. Creo que, como latina investida de poder, tengo derecho a la salud emocional y a la felicidad.

LATINOS: ¿QUIÉNES SOMOS?

América Latina, con más de 500 millones de habitantes, se extiende desde el Río Grande, en Texas, hacia el sur hasta la Patagonia, en América del Sur. Algunos factores del pasado, y otros actuales, han ocasionado una gran migración de los países de ese continente hacia Estados Unidos y hacia otras naciones desarrolladas. Al momento de escribir esto, más de 35 millones de hispanos viven en Estados Unidos;

se predice que para el año 2050, los latinos serán el 25 por ciento es decir, una *cuarta parte* de la población estadounidense.

Nos contamos por millones; procedemos de diferentes países, cada uno con costumbres y tradiciones muy diferentes. ¿Eres de Puerto Rico, de México, de Perú o de Colombia? ¿Viene tu familia de Centroamérica o de Sudamérica? ¿Qué significa para ti ser latina? Así como hay muchas características físicas y variaciones en la forma de hablar el mismo idioma, así también varían enormemente las creencias y las experiencias de la población latina.

En Estados Unidos, sin embargo, nos han agrupado bajo una sola categoría: latinos. A pesar de las diferencias de origen, lo que nos une es el idioma y la herencia cultural. Todos *hablamos español* (enlazados por una variedad de matices culturales) y, en general, nuestros antepasados fueron alguna vez inmigrantes. También somos, en gran parte, un grupo religioso con inquebrantables lazos espirituales que nos unen a nuestras iglesias, a nuestro Dios y a nuestras familias. En calidad de latina descendiente de padres o abuelos inmigrantes, estarás de acuerdo con que al menos uno de estos puntos refleja tu experiencia personal:

- Tus padres o abuelos se vieron afectados por la inestabilidad política y cívica en su país de origen. Esto, a su vez, pudo haber afectado tu estabilidad emocional, tus aspiraciones y tu forma de manejar el estrés.

- Tus padres o abuelos tuvieron que enfrentar las dificultades de la inmigración: la adaptación a los Estados Unidos, los años de sacrificio y hasta los prejuicios—factores que pudieron haber afectado tu crianza y la carga que te transmitieron en términos de cómo manejar el estrés.

- Cuidarás de algún miembro de la familia—un abuelo, una prima, una tía o un tío—en tu casa. Uno de tus padres tendrá por lo menos un problema crónico que requerirá de tu ayuda, tu paciencia y de tus cuidados médicos.

- Tú o una de tus amigas de infancia sufrió abuso sexual, posiblemente, por parte de algún miembro de la familia o conocido cuando era niña, o por parte de alguien por fuera del círculo familiar.

- Tienes algún familiar, o algún amigo, que padece de VIH o que ha muerto de SIDA.

Estas experiencias, aunque traumáticas, pueden crear lazos que nos unifiquen.

También estarás en gran parte de acuerdo con que los latinos tienden a vivir el estereotipo de ser personas en quienes domina la pasión y que se dejan guiar por el corazón. Nuestra música de inmigrantes habla del dolor y del sufrimiento, pero también del éxito, la devoción y el amor. Nuestros poetas y artistas reflejan la alegría y las penas que ha experimentado nuestra gente a través del tiempo: la alegría de los lazos con nuestras tradiciones y con los demás, y una pena arraigada en lo hondo por sentir que estamos *al margen* de la comunidad establecida. Nuestros antepasados lo dejaron todo para emigrar a un nuevo país, el cual creían les brindaría grandes posibilidades y oportunidades y los mantendría a salvo, tal vez, de la opresión política y de la pobreza. Los resultados directos de estas migraciones generacionales ocasionan tensiones sociales intensas que emergen de diferentes formas; están arraigadas en nosotros de la misma manera en que el color de los ojos nos ha sido transmitido de padres a hijos.

Junto con estas importantes manifestaciones psicológicas, una vez llegados a Estados Unidos, los latinos son más propensos a experimentar:

- Altos índices de enfermedades crónicas, como diabetes y complicaciones cardiovasculares.
- Altos índices de traumas, como los ocasionados por el incesto y la violación.
- Mayor número de accidentes laborales.

Abundantes datos confirman el razonamiento de que la depresión podría tener una profunda—pero silenciosa—influencia en la comunidad latina.

CÓMO ENFRENTAR LA SITUACIÓN:
LA HISTORIA DE ANITA

Creo que mi madre manifestaba síntomas de depresión, pero yo no estaba preparada para identificarlos en mí misma. Estaba tan centrada en todo lo demás que me descuidé. Pensé que tal vez estaba un poco estresada, pero no deprimida. Confundí la falta de sueño y la pérdida de peso con el estrés en casa y en el trabajo. Traté de echarle la culpa de mi tristeza a mi incapacidad para concentrarme con tantos problemas, pero nunca se me ocurrió que pudiese estar deprimida. Aunque yo le había ayudado a mi amiga Laura a pasar por un periodo depresivo muy difícil, no me daba cuenta de que yo también podía estar pasando por lo mismo. Tenía muchas cosas que hacer, demasiadas responsabilidades en casa y en el trabajo. Tenía que hacerme la fuerte, tenía que demostrar que los demás podían contar conmigo. Ni siquiera estaba segura de qué se trataba la depresión y mucho menos de su tratamiento. No fue sino hasta que Laura me dio un artículo de revista acerca de la depresión, que pude reconocer los síntomas en mí misma. Me parece que tenía miedo de reconocer que lo que estaba atravesando era una depresión.

> —Anita, 32 años, mexicana–americana, segunda generación, separada; vive en Houston, Texas, y trabaja como gerente ejecutiva en una compañía de contabilidad

Si eres latina, ¿descuidas frecuentemente tus propias necesidades para ayudar a tus amigos o a tu familia? Las latinas tienden a dejar a un lado lo que *ellas* necesitan para poder ayudar a los demás. Como todos sabemos, las latinas tienen un gran sentido de la responsabilidad hacia sus hijos, sus padres, sus amigos, su trabajo, su esposo, incluso hacia sus deberes religiosos. Aunque crean que podrían estar deprimidas, no harán caso a los síntomas pensando que son producto de algo *diferente*. Así mismo, *la fe y la confianza*—creer y confiar en sus propios instintos, creer y confiar en que uno requere ayuda—juegan un poderoso papel en que las latinas se abstengan de pedir ayuda cuando la necesitan desesperadamente. Otras culturas han aceptado la psicoterapia como herramienta para ayudar a combatir el estrés y la depresión. En cambio, nosotros los latinos no hemos buscado diferentes maneras de enfrentarnos a los problemas de salud mental:

Ignóralo. Ya desaparecerá. Anita, de quien hablamos anteriormente, nos dijo que su familia pensaba que si ella no le prestaba tanta atención al hecho de que se sentía mal, esos sentimientos desaparecerían. "Me sentía terrible, pero mi familia me decía que esas cosas nos pasan a todos y que yo también tenía que enfrentarlo. Si pienso en el pasado, me doy cuenta de que sólo querían que esos sentimientos de depresión desaparecieran; pensaban que si los asaba por alto, desaparecerían."

Así es ella. Acéptala. La prima de Anita también estaba deprimida, pero su familia la consideraba "delicada y frágil; ella necesita que la traten diferente que a los demás."

Así lo quiere Dios. No hay nada que puedas hacer. Anita nos dijo, "La abuela decía que si me sentía mal era porque algo tendría que resolver con Dios y la Virgen. Por alguna razón, parecía que si trataba de sentirme mejor no estaba bien, ya que lo que pasaba era voluntad de Dios."

Qué te importa. No te metas. "Cuando una amiga me preguntó cómo me sentía, algo en mí quería responder: 'Qué te importa, si ni siquiera eres parte de mi familia.' Sentía que era un problema que debía resolver yo misma, no creía que a ella le importara realmente mi bienestar."

Busca otras formas de desahogarte o de solucionar tu problema. Quítate el problema de la cabeza que eso te hará sentir mejor. Anita recuerda, "Mi familia me enviaba a la iglesia, a caminar y me decían que debía esforzarme por concentrarme en mi trabajo y en mis amistades. Mis amigos me invitaban a tomar algo o a ir al cine para distraerme. Cada cosa me ayudaba tal vez por un rato, pero no eran soluciones duraderas."

No lo digas en voz alta. "Cuando expresaba que me sentía triste y que no valía nada, que quería irme a dormir y nunca despertar, mi abuela me callaba diciendo, 'No hables así.' Sólo me hacía sentir más sola."

Tal vez creas que el tiempo lo cura todo. La verdad es que con el tiempo, es posible que la depresión mejore por sí sola.

Desafortunadamente, ese proceso es excesivamente lento y doloroso. Además, después de un primer episodio de depresión, es probable que haya una recurrencia que a la larga puede ser aún más grave o más difícil de tratar. Las consecuencias de no recibir tratamiento a tiempo pueden ser sumamente serias y conducir a:

- Pasar horas, días y años siendo infeliz y sintiéndote incompleta.
- Menor rendimiento en la escuela y el trabajo y, por consiguiente, pérdida de oportunidades en la vida.
- Tensión en la familia y las relaciones íntimas, a causa de los esfuerzos que tus seres queridos deben hacer para comprender tu estado de ánimo.
- Estados de desesperación, cada vez más frecuentes.
- Episodios posteriores de depresión aún mas graves.
- Sentimientos de culpa y de desesperación que te pueden llevar hasta al suicidio.

EL ESTRÉS DE SER LATINA EN LOS ESTADOS UNIDOS

Muchas mujeres cargan consigo una noción preconcebida de lo que significa ser latina en contraposición a lo que significa ser americana. Tal vez seas la primera en tu familia en hacer algo diferente y te preguntes, "¿Cómo se me ocurre? ¡Las latinas no hacemos esto!" Las dudas de este tipo pueden crear un conflicto entre el pasado y el presente, lo tradicional y lo moderno. El resultado puede ser una culpabilidad silenciosa que automáticamente desencadena un severo estrés y ansiedad a corto plazo; algo que siembra a largo plazo las semillas de la depresión. Algunos consideran que el estrés de la mujer latina proviene en particular de la búsqueda de equilibrio entre el viejo mundo y el nuevo, y esto tal vez sea cierto en el caso de los inmigrantes recientes. Sin embargo, más y más latinas han nacido aquí, y esto significa que constantemente tratamos de redefinirmos dentro de este nuevo contexto estadounidense.

La sociedad estadounidense tiene expectativas económicas, sociales y matrimoniales para las mujeres diferentes a las de las sociedades latinas. Las latinas que viven aquí, ya sean inmigrantes o nacidas aquí, frecuentemente tienen que equilibrar las expectativas americanas con aquellas que provienen de sus raíces hispanas. El resultado es una lucha constante que afecta la habilidad que tiene la mujer latina para reconocer los síntomas del estrés y la depresión, y determinar cómo tratarlos.

Las latinas del siglo veintiuno están tratando de deshacerse de los estereotipos. Intentan encontrar una plataforma común, desarrollando una tradición que combine dos ricas herencias: la angloamericana y la latinoamericana. En este nuevo contexto se redefine lo que significa ser latina, aprovechando las posibilidades de desarrollarse exitosamente en la sociedad que en sus orígenes es de herencia anglosajona y de permanecer fiel a su herencia hispana.

Lograr Ser Una Latina Envestida de Poder

Como latina del siglo veintiuno es muy probable que hayas nacido en los Estados Unidos; pero amas la cultura del país de origen de tus padres o abuelos, así no lo hayas visitado nunca. Sientes un fuerte vínculo con ese país, así no hables el idioma. Para tus padres, resulta muy claro lo que se hace y lo que no se hace, sobre todo lo que "no se hace," pero ¿qué significa ser una latina que vive en Estados Unidos en el siglo veintiuno? Es difícil dar una respuesta que podría ser vaga y hasta sospechosa; tal vez se trate de algo que va más allá de sus tradiciones, su cultura y su herencia.

Y tú, ¿qué piensas? ¿Qué significa ser una latina del siglo veintiuno?

Cada año aparece una nueva definición que luego se transforma debido a los constantes cambios de la sociedad estadounidense. Está bien; nuestra cultura también cambia. Sin embargo, esta constante redefinición y la búsqueda continua de un terreno sólido y moderno puede resultar extenuante para la latina. Una verdad permanece constante: tienes derecho a hacerte un *nuevo* sistema de creencias que integren tanto tu respeto por la tradición como tus necesidades de salud física y mental. Sólo así conseguirás alcanzar tus sueños y ofrecer lo mejor de tu persona a los que te rodean.

¿Qué puede hacer una latina para mantener sus tradiciones culturales y a la vez mirar hacia el futuro? ¿Cómo puede ser solícita y mantener su salud mental y física? ¿Cómo puede desenvolverse mejor y con mayor fortaleza? Creyendo en ti misma y en tu fuerza; informándote y aprendiendo.

Sabemos que no es fácil cambiar. Considerar lo positivo de nuestra cultura y adoptar nuevas posturas y tradiciones significa un reto, pero tú ayudarás a definir para las futuras generaciones lo que significa ser una latina en los Estados Unidos. Puedes enseñarles a tus hermanas e hijos lo que significa estar orgullosa de su herencia cultural y de sí mismo. Da el ejemplo y empieza a cuidar tu mente, tu corazón, tu alma y tu cuerpo. Se lo debes a los demás, pero, lo más importante es que te lo debes a ti misma.

M*i madre era muy anticuada. Fue criada en un hogar muy estricto y formal. Fue a una escuela católica e iba a la iglesia todos los domingos. Ella y mi padre se hicieron novios en la secundaria y se casaron después de graduarse. Cuando llegamos a los Estados Unidos, la transición fue difícil para todos, pero más que nada, para mi madre. Ella quería que todo se hiciese como lo hacíamos antes. No me dejaba hablar por teléfono con mis amigos, especialmente si eran muchachos. Nunca me dejaba salir a menos que fuese acompañada por alguien mayor. En mi primera cita, ¡me hizo salir acompañada de mi prima Mariela! ¡Ese día me quise morir de vergüenza! Nos peleábamos tanto que la odiaba. Ahora que soy mayor, pienso en el pasado, me doy cuenta* *de que ella trataba desesperadamente de conservar su modo de vida: lo que conocía y lo que le era familiar. Yo, por otra parte, necesitaba adaptarme y crearme un nuevo estilo. Era joven y lo logré, pero para ella fue mucho más difícil. Ahora me doy cuenta de que incorporé los profundos valores familiares de mi madre y de Honduras con las cosas que me sentaban bien de los Estados Unidos. Esta mezcla me va bien, y se lo debo a mi madre. Ahora la cuido, pero sin descuidarme a mí misma ya que hago lo que siento y creo que es lo mejor para mí aquí en Estados Unidos, mi hogar.*

—Consuelo, 29 años de edad, hondureña, llegada a Atlanta a los diez años; está a punto de casarse y trabaja como televendedora

El primer tramo del camino a la salud emocional y para convertirse en una latina del siglo veintiuno, empieza con *creer en ti misma*. Debes tener la convicción de que *eres* importante, que tienes el derecho a una buena salud mental y física y que naciste con este derecho. Aprecia tus propios sentimientos y tu intuición, ante todo, y comprende que haciéndolo, tendrás mejores posibilidades de ayudar y apreciar a aquellos que te rodean.

Creer en ti misma—la convicción de que puedes educarte y buscar la ayuda que necesitas, *cuando* la necesitas, sin el permiso o la aprobación de nadie—es el primer paso en el proceso de mejoría. Informándote y aprendiendo, te fortalecerás y te colocarás en el camino hacia la recuperación y la salud. De lo contrario, andarás a ciegas, buscando respuestas a preguntas que ni siquiera sabías que tenías. No es sino cuando tienes una idea clara acerca de lo que está mal y *puedes detenerte, reflexionar y creer en ti misma,* que puedes formularte las preguntas correctas y obtener la ayuda que necesitas. Si crees en ti misma, podrás mirar hacia el futuro y crear el estilo de vida que equilibre *tus* necesidades y las expectativas de otros, ya sean espirituales, físicas o emocionales. Llevar una vida equilibrada y cuidar de ti misma a la vez que cuidas de los que te rodean (manteniendo las tradiciones que son parte de tu cultura), no son objetivos contradictorios; la solución consiste en creer, como latina moderna, en que tu sí *puedes* hacerlo y que lo harás bien. Según Anita, "Lograr convencerme de que yo era importante, de que mi salud, mi bienestar y cómo me comporto y funciono en el trabajo eran importantes— no sólo para mí, sino también para mi familia—fue esencial. Necesitaba creer en mí misma. Necesitaba valorar mi felicidad y mi salud. Sin duda, cuidar de los demás es importante, pero ahora creo en mí misma y sé que debo buscar ayuda para mi depresión."

CREER EN LAS SEÑALES

Creo que puedo reconocer acertadamente las señales y síntomas de la depresión en mí y en los demás. Creo que puedo aprender a comprenderme mejor. Creo que puedo ganar perspectiva y hacerme más fuerte. Creo que puedo obtener la información que necesito para mantenerme a mí y a los que me rodean física y mentalmente saludables.

Llevo seis semanas sintiéndome mal. No logro concentrarme. Me cuesta trabajo acordarme de cosas: siento que me desmorono. Me siento mareada con frecuencia, pero el doctor no halla lo que es. Engordé y me deprime que la ropa ya no me quede bien. Necesito ayuda; tengo responsabilidades que cumplir, pero no tengo ganas de nada. Lo peor de todo es que, por alguna razón, me asalta el recuerdo de cuando era joven y mi tío abusaba de mí sexualmente. Yo creía que ya lo había superado. Nunca se lo dije a nadie porque era el tío preferido y nadie me hubiera creído. Me quedé con la sensación de que había sido mi culpa o de que en cierta forma lo exageré. Algunas veces, me gustaría dormirme y no despertar jamás: eso sería más fácil. A veces no voy a trabajar

*porque no puedo levantarme por la mañana y enfrentar la gente
en el trabajo. Tengo miedo de perder mi trabajo. Lloro todo el
tiempo y algunas veces no veo el sentido de continuar. Nunca me
suicidaría, pues tengo esposo y dos hijos encantadores. Trato de no
fallarles y asegurarme de que todo marche bien, pero me siento
muy cansada y sin energía. Le digo a mi esposo que estoy estresada,
pero sé que es algo más que eso. Es realmente difícil cuando tus
hijos te preguntan "mami, ¿qué te pasa?" y no saber qué respon-
derles.*

—María, 34 años de edad, dominicana americana, casada,
auxiliar de maestra residente en Newark, Nueva Jersey

Cuando María fue a la consulta con la doctora Belisa, estaba
muerta de miedo de estar volviéndose loca. Lo que no sabía,
era que ya estaba a un paso del camino que la llevaría a sentirse mejor. Estaba claro que había aceptado ya la Creencia #1:
creer en sí misma, reconocer que algo está mal, saber que al
buscar las causas entendería mejor su situación. Quería volver
a sentirse bien y enterarse de qué padecían su cuerpo y su
alma. Después de todo, quería ser capaz de cuidar de sí misma
y de su familia. Después de una hora con la doctora Belisa, durante la cual respondió preguntas acerca de su estado de
ánimo, sus pensamientos, sus problemas físicos y la historia de
su familia, se hizo patente que María sufría de un cuadro depresivo mayor, la forma más común de depresión.

El primer paso en el camino personal de María, después
de su evaluación psicológica, fue comprender la Creencia #2:

ser capaz de reconocer los síntomas y las señales de la depresión. Al comprenderse mejor, ganaría perspectiva y tendría la confianza necesaria para obtener la información que necesitaba. María dejó el consultorio sintiéndose aliviada. Sus síntomas tenían un nombre, la depresión.

¿ESTÁS DEPRIMIDA, O SIMPLEMENTE TRISTE?

Uno de claves las factores para recuperarse—sentirse mejor— consiste en reconocer los síntomas y los indicios de la depresión. La depresión es diferente del sentimiento de tristeza que se siente cuando muere un familiar o un amigo. Estos sentimientos de aflicción y tristeza pueden ser intensos, pero usualmente se alivian después de algunas semanas, una vez que se acepta que la muerte es inevitable o que se haga el ajuste al cambio. Hay, por supuesto, muchos factores estresantes que pueden afectar y conducir al sentimiento de tristeza, entre ellos:

- La muerte de un amigo o de un ser querido.
- El divorcio o la separación.
- La pérdida del trabajo.
- Un accidente o un deterioro de la salud debido a alguna enfermedad.

Además, para muchos latinos, los factores estresantes pueden incluir situaciones que se trataron en el Capítulo 1, como la inmigración, dejar el país de origen y la familia, la aculturación, la adaptación a un lugar extraño con nuevas costumbres y tradiciones, e invariablemente con tener que aprender otro idioma. Es más, las investigaciones demuestran que hay una relación directa entre la inmigración y la salud mental de un individuo. Es decir, estos factores estresantes pueden hacer que uno se sienta decaído o triste, pero no necesariamente van a desencadenar una depresión clínica más severa, a menos que otros factores estén involucrados. Al reconocer las señales y los síntomas de la depresión, podrás detectarlos en ti misma, en tu papá, tu hermana o tu mejor amiga.

Es preciso saber que si la tristeza persiste y perjudica tu habilidad para funcionar, es probable que hayas llegado al punto de la depresión clínica. La *depresión clínica* se define como el deterioro del funcionamiento normal en el día a día—cómo se siente, piensa o se comporta alguien—acompañado por otros síntomas. (Véase la lista en la página 28) Muchas personas que tienen una condición médica crónica—como diabetes, cáncer o una enfermedad cardiaca—también sufren de depresión. Por ejemplo, el doce por ciento de los ancianos que son hospitalizados con una fractura de cadera o una enfermedad cardiaca son también diagnosticados con depresión. Se considera que entre un quince y veinte por ciento de los adultos que residen en hogares para ancianos también sufren de depresión.

¿ESTÁS DEPRIMIDA?

Si sufres *cinco* o más síntomas de los que se mencionan a continuación durante más de dos semanas, o si los síntomas son tan severos que interfieren con tu rutina diaria, es probable que sufras de depresión.

- Tristeza persistente, ansiedad, irritabilidad, sentimientos de "vacío."

- Cambio en los hábitos de dormir (dormir muy poco o demasiado).

- Cambios en los hábitos alimenticios (pérdida de apetito y adelgazamiento, o glotonería y aumento de peso).

- Pérdida de interés y gusto por las actividades que antes disfrutabas.

- Sensación de inquietud.

- Síntomas físicos persistentes que no responden a tratamiento (como dolores de cabeza y en otras partes del cuerpo, gripe o algún trastorno digestivo crónico).

- Dificultad para concentrarte, recordar o tomar decisiones.

- Sensación de fatiga o pérdida de energía.

- Sentimientos de culpabilidad, desesperanza o pérdida de autoestima.

- Pensamientos acerca de la muerte o el suicidio.

Reconocer las Principales Señales de la Depresión

Como ya mencionamos, existen diferencias radicales entre la tristeza (que tiende a desaparecer con el tiempo) y la depresión (combinación de varios síntomas durante un periodo de tiempo prolongado). La clave del éxito para cuidarte o cuidar de alguien que sufre de depresión, consiste en saber reconocer las señales, tal como lo hizo María. En su caso, ella manifestaba algunos de los síntomas clásicos de la depresión. Así como hay diferencias entre una persona y otra, también hay muchas variaciones de los síntomas de la depresión; no todo el mundo tendrá todos los síntomas o tal vez varíen en gravedad y en la intensidad con la que pueden afectar el funcionamiento de la persona. Consideremos algunos de los síntomas más comunes y reveladores que pueden llegar a afectar tu vida diaria.

Sentirse decaída. María se sentía como que se desmoronaba; lloraba todo el tiempo y se sentía desesperanzada. Sentirse triste o decaído *todos los días* es sin duda una de las principales señales de depresión. Estos sentimientos pueden comenzar gradualmente, o pueden empezar de repente; pueden estar presentes durante todo el día o ser más severos por la mañana, como se da en el 50 por ciento de los casos. Los sentimientos de tristeza pueden ser uniformes, sin cambio de intensidad, o pueden variar, ocasionando reacciones exageradas a circunstancias normales que suceden a su alrededor. Por ejemplo, podrías echarte a llorar por haber derramado un vaso de jugo o por haber roto algo insignificante.

Sentirse irritada. "Les contestaba bruscamente a las personas y luego me sentía avergonzada," explicaba María a la doctora Belisa. "Las pequeñas cosas me sacaban de quicio y reaccionaba con frecuencia más fuerte de lo que debía. Las cosas sencillas, como esperar en una fila, me causaban enojo; sentía como que no era yo misma." La depresión puede ir acompañada de sentimientos de irritabilidad, inquietud o ira. Como María, tal vez te sientas irritable y hasta muy enojada por cosas de poca importancia.

Falta de motivación y placer (anhedonia). "No tengo ganas de nada. Perdí el gusto por las cosas que usualmente me causaban alegría." María mencionó que no tenía deseos de hacer nada. El interés o gusto por hacer cosas que normalmente causan felicidad, como el ejercicio, los pasatiempos—y hasta el sexo—pueden desaparecer con la depresión. Con frecuencia, las personas con depresión se sienten abatidas y tienen una tendencia a caer en postración cuando nada les parece agradable. Algunos pacientes nos dijeron que no podían ni siquiera disfrutar de sus propios hijos. De todos los síntomas de la depresión, éste es al cual los familiares, los cónyuges y los hijos reaccionan con mayor intensidad. El cambio en la persona con depresión puede ser tan dramático que los amigos y la familia se sienten excluidos, y la persona que sufre de depresión a su vez se sentirá aún más enojada ante la reacción de sus seres queridos.

Cambio en la energía sexual y la libido. La depresión puede afectar directamente la energía sexual, causando una disminución disminusignificativa de la libido o del apetito sexual. Si sientes que ya no tienes interés en el sexo, es probable que tu pareja se esté sintiendo rechazada y la relación empiece a deteriorarse bajo el peso de la depresión. María le dijo a la doctora Belisa, llorando, "No tenía ningún deseo. Al principio, mi esposo se sentía frustrado; luego, se enfadó y ahora está preocupado e inseguro sobre qué hacer. Solíamos tener muy buenas relaciones sexuales, pero ahora, la simple idea de tener relaciones sexuales me hiela la sangre. Simplemente no tengo ganas."

Cambios en los hábitos alimenticios. María explicó que en las semanas anteriores a su visita había engordado y esto la hacía sentirse muy infeliz. Los latinos, es sabido, ponen especial énfasis en la comida, y los rituales asociados con ella nos proporcionan una gran satisfacción. Como el idioma y la espiritualidad, la comida es una parte muy importante de nuestra herencia cultural, a través de ella mantenemos fuertes los lazos que nos unen. Los cambios en el apetito, ya sea una disminución (que nos hace adelgazar) o un aumento (que nos hace engordar), significan una lucha constante con la comida. La persona deprimida puede llegar a comer de más y, a veces, hasta darse comilonas que la hacen engordar en muy poco tiempo. Éste es el principio de un círculo vicioso: subir de peso la hace sentirse gorda y menos atractiva; luego se siente más deprimida por haber subido de peso. Los sentimientos de desesperación le hacen perder interés por estar con sus amigos y familiares; y en busca de consuelo, come aún más, o al contrario, pierde el apetito, deja de comer y adelgaza drásticamente. Así, la comida se convierte en un campo de batalla que contribuye a aumentar el estrés.

Cambios en los hábitos de sueño. A todos nos ha pasado en algún momento de la vida, que no podemos conciliar el sueño: los problemas en el trabajo nos perturban y nos mantienen despiertos durante toda la noche, o bien pueden ser las preocupaciones de dinero las que pueden llegar a quebrantar nuestra habilidad para conciliar el sueño. No poder dormir por la noche durante un periodo de tiempo prolongado es un síntoma de depresión, tal como lo es el dormir demasiado o tener dificultad para mantenerse despierto durante el día.

La depresión puede afectar tu capacidad de dormir por la noche, y esto puede hacer que te cueste trabajo levantarte por las mañanas, que te despiertes demasiado temprano, o que te despiertes con frecuencia a lo largo de la noche. Los trastornos más comunes son el insomnio o el despertarse demasiado temprano por la mañana. Algunas personas duermen todo el día o muchas horas al día—algunas veces hasta quince horas en un día. Otras permanecen despiertas toda la noche y durante ese tiempo se la pasan cavilando sobre cosas negativas y creando un círculo vicioso de falta de descanso, más depresión y más preocupaciones. Todos esos síntomas relacionados con el sueño se suman unos a otros y acaban por deteriorar la capacidad de la persona para funcionar eficazmente durante el día.

Cambios en la concentración. María contaba que se sentía "indecisa," que le costaba mucho concentrarse. La falta de concentración, la incapacidad para tomar decisiones y la falla de la memoria son síntomas de depresión. Si estás deprimida puede que te sientas muy aturdida. Es posible que pases la mayor parte del tiempo pensando en cosas negativas. La depresión te chupa las fuerzas para pensar y tomar decisiones y, a la larga, te priva de la habilidad de mantenerte concentrada en lo que tienes que hacer.

Cambios en los niveles de energía. "Me siento muy cansada y completamente agotada," le dijo María a la doctora Belisa. Casi todas las personas deprimidas sufren de una disminución de energía, lo que les dificulta realizar sus deberes cotidianos como ir a la escuela, trabajar o cuidar a los hijos. Hacer apenas lo indispensable se convierte en un martirio. Las cosas insignificantes, como bañarse, comer o vestirse pueden parecer tareas difíciles de llevar a cabo. Las actividades más complejas, como planear o coordinar un evento, pueden parecer un desafío imposible.

Sentimientos de culpabilidad. María pensaba mucho acerca de la vez que su tío abusó de ella, cuando era más joven. "Me quedé con el sentimiento de que había sido mi culpa," le dijo a la doctora Belisa. Los sentimientos de culpabilidad por lo sucedido en el pasado, la desesperanza, la falta de protección y de autoestima pueden incrementar el sufrimiento de alguien deprimido. Estos síntomas contribuyen a que una persona sufra una disminución en la autoestima y vea su vida de una manera negativa. La persona tal vez piense que la depresión es un castigo por algún error del pasado. No es así; *recuérdalo, la depresión no tiene justificación, nunca es normal.*

Malestar físico. La mayor parte de las dolencias físicas relacionadas con la depresión son dolores de estómago y de cabeza, mareos, dolor de espalda y en las articulaciones. María nos dijo, "Fui al doctor, ya que no tenía la menor idea de lo que me estaba pasando, y él me revisó por muchas cosas diferentes, incluso por una infección en el oído medio y por la tensión alta." Ninguno de los doctores se dio cuenta de que sus mareos se debían a que estaba deprimida. Los síntomas físicos y el dolor que no responde a tratamientos tienden a estar relacionados con la depresión, *especialmente* entre latinos.

Según lo que hemos visto en nuestros consultorios, los latinos que han sufrido pérdidas o han sido sometidos situaciones estresantes tienden a manifestar una respuesta determinada en gran medida por factores culturales, lo cual difiere bastante de la respuesta que manifiestan los americanos en situaciones parecidas. Tenemos tendencia a manifestar nuestras emociones físicamente: nuestros sentimientos afectan físicamente nuestra forma de sentir. Es por esto que debes hacer todo lo posible por comprender los indicios de la depresión e interpretarlos en ti y en los demás. Esta manifestación física no es una sensación imaginaria; se llama *somatización,* y es tan real como lo es un ataque al corazón o cualquier otra de las terribles enfermedades físicas. Tal vez tu padre haya hablado de su depresión como una pesadez, o una carga sobre sus hombros, una presión en el pecho, o una dificultad en respirar profundamente. Es probable que tu tía haya sentido dolores hasta en los huesos, o un dolor en el cuerpo que le llega hasta el alma.

En general, los nervios y la fatiga están relacionados con una vulnerabilidad innata a sucesos estresantes; pero también pueden ser una respuesta a un suceso emocionalmente angustioso. Entre los síntomas físicos pueden incluirse dolores de cabeza y estómago, temblores y, como lo mencionamos anteriormente, trastornos del sueño, la incapacidad para funcionar y soltarse a llorar fácilmente.

Pensamientos sobre la muerte. La depresión puede ser muy grave y puede hacerte sentir tan desesperada y desolada que hasta podrías pensar en quitarte la vida. María dijo que ella nunca se haría daño—tiene dos niños encantadores y un esposo cariñoso—pero confesó que tenía ganas de dormirse y nunca despertar. Los pensamientos recurrentes sobre la muerte, el temor a la muerte y los pensamientos suicidas son parte de la depresión. Para las latinas, en particular, los pensamientos suicidas son más comunes que en los hombres: las mujeres son más propensas a intentar el suicidio que los hombres, y un historial de violencia física o abuso sexual en las mujeres aumenta el riesgo de suicidio. Además, dos tercios de la población que sufre de depresión considera la posibilidad del suicidio, y del 20 al 35 por ciento llega a suicidarse. Claramente, la depresión puede llevarnos al umbral de la muerte, y es otra razón importante para reconocer su alcance y buscar tratamiento sin demora.

Otros Síntomas

Los síntomas de ansiedad aguda se diagnostican en aproximadamente un 90 por ciento de las personas deprimidas; y en dos terceras partes, se puede diagnosticar la confusión o la falta de concentración. Las alucinaciones visuales o auditivas—tales como oír que te llaman por tu nombre, oír golpes en la puerta cuando no hay nadie, o ver sombras—pueden ocurrir en los casos más graves de depresión. Ciertos síntomas, como sentir paranoia o desconfianza—como si la gente estuviese hablando de ti u observándote—pueden también manifestarse en casos graves.

Éstas son las señales y los síntomas más comunes de una persona deprimida. Una vez más reiteramos que si estás deprimida, puede que no tengas todos estos síntomas. Pero para que se te diagnostique una depresión clínica, tienes que haber tenido al menos cinco de estos síntomas durante un período de por lo menos dos semanas y haber experimentado un cambio en el nivel de funcionamiento. No todos somos iguales, pero si tú o uno de tus seres queridos manifiesta estas señales, te recomendamos encarecidamente que busques ayuda profesional.

LAS LATINAS Y LA DEPRESIÓN: LA DIFERENCIA ENTRE EL HOMBRE Y LA MUJER

Hay sólidas pruebas que apoyan el argumento de que la mujer vive la depresión de forma diferente al hombre. Es más, la depresión afecta al doble de mujeres que de hombres; es un hecho que una de cada cuatro mujeres experimentará depresión en su vida. Se cree que es posible que las diferencias biológicas, tanto hormonales como genéticas, contribuyan a la alta incidencia de depresión clínica en las mujeres. La violencia física y el abuso sexual también pueden incrementar el riesgo de depresión. Los estudios indican que al llegar a los veintiún años, aproximadamente el 37 por ciento de las mujeres han sido víctimas de abuso sexual o violencia física. Más allá del asombroso número de supervivientes de abuso sexual o violencia física, los hombres y las mujeres simplemente tienen diferentes maneras de reaccionar y de resolver las situaciones que se les presentan en la vida. Estas diferencias comienzan en la adolescencia: la manera en que una muchacha vive sus emociones, aprendiendo a expresarlas o reprimirlas, aumenta innegablemente su riesgo de sufrir depresión clínica.

Mientras que la proporción es diferente, las señales de depresión clínica son idénticas en personas de ambos sexos. Lo que varía, sin embargo, es la gravedad y la manifestación de esas señales. A pesar de que los hombres pueden perder fácilmente los estribos y enojarse rápidamente, aparentemente, las mujeres reportan más señales de depresión que los hombres. Como se mencionó en el Capítulo 2, los hombres—especialmente los latinos—tienden a ocultar sus síntomas por periodos más largos y esperan a que sean graves antes de buscar ayuda. Proceden así por temor, por orgullo, vergüenza y, por supuesto, por miedo a ser identificados como alguien que padece de una enfermedad mental. La mayoría de los hombres hispanos consideran cualquier indicación de depresión como un signo de debilidad. Si tu marido, novio, hermano o padre muestra señales de depresión, anímalo a buscar ayuda. Hazle saber que lo amas y que te preocupas profundamente por él y que deseas que se sienta feliz y saludable, tanto física como mentalmente.

LAS MUJERES Y LA DEPRESIÓN

- La probabilidad de que una mujer intente suicidarse es cuatro veces mayor que la de un hombre.

- La probabilidad de que una mujer aumente de peso y que lo reconozca es mucho mayor que la de un hombre.

- Las mujeres tienen más trastornos asociados con el sueño.

- Las mujeres se quejan de físicos somáticos con más frecuencia que los hombres.

POR QUÉ SE IGNORAN LAS SEÑALES

Hay muchas razones por las que las latinas no prestan la debida atención a las señales de la depresión. En general, se debe a nuestras creencias—un sistema de creencias en el que la depresión es tabú; en el que buscar ayuda de alguien extraño (tal vez un doctor que no es hispano ni habla español) no inspira confianza; en el que indicar lo que *nosotros* necesitamos en oposición a ser siempre quien se ocupa de los demás, está mal. Estos impedimentos, combinados con otros asuntos—barreras económicas, obstáculos étnicos y culturales, diagnóstico inapropiado por los proveedores de servicios médicos y la falta de comprensión de los tratamientos—dificultan la búsqueda de la ayuda que necesitan, cuando la necesitan. Además, los síntomas de la depresión, tales como sentimientos de culpa, deterioro de la autoestima, carencia de energía o motivación pueden ser extenuantes y el agotamiento puede llegar a impedir que una persona deprimida busque ayuda.

Anteriormente se ha mencionado la somatización, y por cierto, hemos visto a muchas latinas que manifiestan su depresión como una enfermedad física. Cuando esto sucede, los doctores deben determinar si se trata de una enfermedad realmente física o de un síntoma de depresión. De cualquier forma, el tratamiento es la respuesta si se quiere mantener una buena salud, tanto mental como física. En más del cincuenta por ciento de los casos hemos observado que los médicos de cabecera han fallado en reconocer la depresión. En niños, adolescentes y ancianos, frecuentemente se considera la depresión como un estado normal o una etapa del desarrollo o de la decadencia. Nada podría estar más lejos de la verdad.

María recuerda su visita al médico de cabecera, que la vio un mes antes de empezar a visitar a la doctora Belisa. "Pasó quince minutos conmigo y ni siquiera me preguntó qué me pasaba. Le dije que tenía problemas con el sueño y el apetito. Le dije que no tenía energía y que me costaba mucho levantarme por las mañanas. Le conté acerca de mis dolores de cabeza y en el cuerpo. Me respondió que era estrés y me recetó Tylenol para los dolores y Tylenol PM para dormir. Y eso fue todo."

¿QUÉ SIGNIFICAN
LAS SEÑALES?

En la Creencia #1 ya has aprendido que los primeros pasos en el camino al fortalecimiento es creer en ti misma. Sabes que tienes derecho a estar saludable, física y mentalmente, si has de vivir tu vida plenamente y ayudar a tus seres queridos a hacer lo mismo. Si crees que estás experimentando algún síntoma de depresión, recuerda que tienes derecho a buscar y obtener ayuda. Has reconocido las señales y sabes que no estás loca ni eres floja. Ahora puedes empezar a obtener la información que necesitas para ayudarte de la mejor forma posible.

Hemos usado la expresión *depresión clínica* para describir el mal que tal vez te aqueja a ti o a un ser querido.

Trastorno de Depresión Mayor

Un cuadro de depresión mayor es lo que tenía María y afecta al veinticinco por ciento de las mujeres por lo menos una vez en su vida. La característica inmediata más importante de este tipo de trastorno es un estado de ánimo decaído y la pérdida de interés o placer (anhedonia). Si no se trata, este trastorno puede durar, en promedio, un año entero. Por ello, urge que una persona reciba tratamiento lo más pronto posible. Sin ayuda, la probabilidad de recaer aumenta y, a medida que pasa el tiempo, el riesgo de mayor discapacidad, más daño y, en casos extremos, un riesgo más alto de suicidio.

Distimia

"Me sorprende que la gente tome las cosas a la ligera; que sonrían o se rían con frecuencia. Me da rabia que lo vean todo color de rosa."

"Mis amigos se ríen de mí porque dicen que soy cínica y mal humorada."

"Muchas veces siento que hago las cosas a medias."

"Siempre me parece que el vaso está mitad vacío en vez de estar mitad lleno."

¿Has oído a alguien hacer alguno de estos comentarios? Pueden ser indicativos de distimia y si tú los haces u oyes que algún ser querido los hace, tal vez sea hora de buscar ayuda.

La distimia es una forma de depresión que es más leve en su presentación. Se caracteriza por un decaído estado de ánimo que se manifiesta durante años y está asociada con sentimientos de insuficiencia y baja autoestima. Las personas que sufren de distimia son pesimistas, se sienten desesperanzadas y vulnerables. Pueden ser negativas y quejumbrosas y suelen alejarse de sus seres queridos. *Hay dos veces más probabilidades de que se le diagnostique distimia a una mujer que a un hombre.*

A diferencia del trastorno de depresión mayor, la distimia empieza cuando se es más joven y acaba por volverse parte de la personalidad y el carácter de la persona. Las personas con distimia son más susceptibles de sufrir trastorno de depresión mayor; cuando esto ocurre se considera "una depresión doble."

Si padeces de distimia, es probable que no lo sepas. Tal vez te hayan dicho que eres malhumorada pero tú das por sentado que esto es normal y que es una parte de tu personalidad. Existe la probabilidad de que ni recuerdes haberte sentido bien; tal vez tengas también baja autoestima y poca confianza en ti misma. La psicoterapia te será de gran utilidad ya que te ayudará a conocer diferentes técnicas y estrategias para romper con patrones negativos o para identificar qué sucesos de tu vida han contribuido a tu depresión; más adelante en el libro hablaremos de esto.

D*esde que era adolescente siempre lo veía todo "de color negro" y era muy pesimista. La pasaba mal; me era muy difícil disfrutar de cualquier cosa. Me encerraba en mi cuarto y estaba enfurruñada todo el tiempo. Me parecía que la vida era injusta y aburrida. En la escuela, como me gustaba leer, así no interactuaba con los demás. Los pocos amigos que tenía me molestaban por que no me gustaba salir. Siempre era remilgosa para comer y pensaba que era fea y sin gracia. El tratamiento me hizo sentir como nueva. Pude ver las cosas bajo una luz distinta* *y ya no era todo negativo. Hasta me empecé a preguntar por qué había estado tan malhumorada y deprimida todo el tiempo. Fue una gran sorpresa cuando me di cuenta de que podía divertirme y me sentía bien. Hasta empecé a tener amigos y a salir con chicos.*

—Jenny, 29 años, inmigrante peruana, casada y gerente de una oficina en Nueva York

Trastorno de Estado de Ánimo Estacional (SAD, por sus siglas en inglés)

El trastorno de estado de ánimo estacional puede ocurrir cuando una persona es particularmente sensible a los cambios de luz a lo largo de las diferentes estaciones del año; cuando los días son más largos y brillantes, la persona se siente bien. Al contrario, cuando los días son más cortos y oscuros, la persona tiende a caer en una depresión. Este trastorno es una depresión verdadera que se puede tratar. Afecta principalmente a las personas durante los meses de invierno cuando los días son más cortos. La exposición al sol o a la luz brillante ayuda al cuerpo a regular la producción de melatonina, una hormona producida en la glándula pineal que regula el ciclo del sueño. Si esto te afecta, no empaques las maletas ni decidas mudarte a la Florida; más adelante examinaremos los diversos tratamientos—muy eficaces—que existen para tratar este tipo de trastorno.

Trastorno Disfórico Premenstrual
(PMDD, por sus siglas en inglés)

Los cambios hormonales que ocurren durante la menstruación pueden causar cambios en el estado de ánimo. Las investigaciones demuestran que las hormonas afectan la química del cerebro y muchas mujeres experimentan no sólo cambios físicos sino también cambios emocionales que están directamente ligados a los ciclos menstruales. Estos cambios en el estado de ánimo y sus síntomas pueden alcanzar niveles muy altos que pueden interrumpir el funcionamiento diario. Las mujeres con trastorno disfórico premenstrual pueden padecer síntomas que aparecen dos semanas antes de menstruar y que empiezan a mejorar antes de terminar el periodo menstrual. Asimismo, las mujeres con síndrome premenstrual tienden a sentirse bien durante el resto de su ciclo.

Si eres una de las muchas mujeres que sufren de trastorno disfórico premenstrual, no olvides que no estás sola. Sin embargo, no es necesario que sufras sin ayuda. Los síntomas de este trastorno son muy comunes, por ejemplo, sensibilidad en los senos o antojos de comida. Sin embargo, podrías experimentar síntomas secundarios más serios, como cambios extremos en el estado de ánimo, depresión grave o sentimientos de ansiedad, irritabilidad o enojo. Para los síntomas leves o moderados, los cambios en la dieta y la rutina pueden tener un efecto positivo. Si tienes otros síntomas moderados, tu doctor

Las estadísticas demuestran que del 70 al 90 por ciento de las mujeres en edad fértil experimentan por lo menos síntomas leves de síndrome premenstrual. Son más comunes en las mujeres entre veinte y treinta años y desaparecen con la menopausia.

tal vez te recomiende un cambio en tu estilo de vida para sentirte mejor, como evitar la cafeína, el alcohol y la sal. Es posible que te recomiende hacer ejercicio.

Sin embargo, si los síntomas son más pronunciados, ¡no hay que aguantar! Hoy día, no hay pruebas concluyentes que confirmen los beneficios de la píldora o anticonceptivo oral en estos casos: puede que te ayude, puede que no. Algunas mujeres que la toman para aliviar los síntomas del trastorno disfórico premenstrual experimentan tanto los efectos secundarios positivos como los negativos. Sin embargo, la buena noticia es que las investigaciones actuales han demostrado que los medicamentos antidepresivos pueden disminuir considerablemente el síndrome premenstrual y el trastorno disfórico premenstrual. También es interesante resaltar que esos medicamentos hacen efecto más rápidamente para los síntomas de síndrome premenstrual que cuando se usan para la depresión. Consulta la lista al final de este libro para enterarte de los recursos que ofrecen información acerca de los alimentos que hay que evitar, las vitaminas y hierbas que ayudan y las terapias alternativas de comprobada eficacia.

Depresión Posparto

Hay pruebas considerables de que durante el embarazo las mujeres son más vulnerables a desarrollar trastornos en el estado de ánimo. Poseemos estadísticas que documentan que más de la mitad ha reportado algunos cambios emocionales justo después de haber dado a luz, desde bajas pasajeras—como accesos de llanto y cambios en el estado de ánimo—hasta una grave depresión clínica y pensamientos de suicidio. La tristeza después del parto es un estado normal que suele durar algunos días. Se debe a cambios rápidos en los niveles de hormonas y al estrés de dar a luz. En algunos casos, sin embargo, puede convertirse en una depresión posparto. Ésta se caracteriza por estados intensos de depresión y, frecuentemente, por la aparición de pensamientos acerca de la muerte del bebé o de que está herido.

Aunque se suponía que debería estar feliz después del nacimiento de mi primer bebé, Lucía, estaba tan triste y cansada que no me podía levantar de la cama. Me esforzaba para darle de comer y bañarla. Me sentía muy triste todo el tiempo y no gozaba de la alegría que sentían todos los demás. Lo peor era que me imaginaba que Lucía se me resbalaría de las manos o que la lastimaría. Sabía que no pasaría nada, pero los pensamientos eran demasiado inquietantes y me parecía que no debía compartir mi angustia con nadie. Me sentía culpable y deseaba dormirme para nunca más despertar. Nunca había estado depri-

mida, pero mi madre me dijo que ella había tenido serios cambios de estado de ánimo alternados con depresión después de mi nacimiento. Me contó que no fue sino después de mucho tiempo que empezó a sentirse mejor. Afortunadamente, mi abuela la ayudó en casa. Le dije a mi obstetra y él rápidamente me refirió a un psicólogo que me ayudó mucho a superar el problema.

—Carmela, 21 años, recién emigrada de Guatemala y
ama de casa que vive en Allentown, Pennsylvania

Muchos estudios recientes demuestran que en la actualidad al menos entre 10 y 15 por ciento de las madres primerizas experimentan algún tipo de depresión clínica posparto durante el primer año y que ésta puede durar de tres a catorce meses.

Como latina investida de poder, sabes que mereces lo mejor para ti y tu bebé. Es *muy* importante que recibas cuidado prenatal regularmente, educación y apoyo durante este periodo que no sólo es estresante, sino también hermoso. Si tienes miedo de padecer de una depresión posparto, lo primero que debes hacer es recordar que no estás sola. Lo segundo, de suma importancia, es que sepas que hay numerosos recursos a tu disposición. El *reconocer,* simplemente, que no estás sola te ayudará significativamente; no obstante, si estás experimentando estos síntomas graves, necesitas buscar ayuda.

Como la mayoría de las depresiones, la depresión posparto es un tipo de enfermedad que requiere información y educación. Hemos elaborado una lista de recursos al final de este libro y te recomendamos encarecidamente que busques la ayuda que necesitas si la tristeza después del parto no desaparece al cabo de algunas semanas de haber dado a luz.

Trastorno Bipolar

¿Te sientes deprimida o profundamente triste luego de una felicidad extrema, o un sentimiento semejante a "estar en las nubes"? Las personas con trastorno bipolar sufren de depresión, pero además experimentan marcados estados de ánimo en los que sienten una energía pura. A estos cambios extremos de estado de ánimo, se les llama *manía,* y aquellos que padecen de depresión y manía son llamados maníaco–depresivos.

La manía se caracteriza por sentimientos de felicidad intensa. Aunque la felicidad es una emoción positiva, en este caso el sentimiento es extremo y está acompañado de incrementos en los niveles de energía y el flujo de pensamientos: habla acelerada, poca necesidad de sueño, incrementos en los gastos, en la bebida; y otros comportamientos dañinos. Algunas veces, las personas que se encuentran en un episodio maníaco emprenderán grandes proyectos, gastarán más dinero del que tienen o apostarán su remesa mensual. Se ven envueltos en comportamientos peligrosos, como tener relaciones sexuales promiscuas sin protección, o conducir el auto descuidadamente. Pero luego la manía desaparece y la persona maníaca se deprime profundamente. El trastorno bipolar es una enfermedad mental seria que agota y debilita y que representa un peligro constante. Si sospechas que sufres de trastorno bipolar, recuerda que mereces recibir ayuda inmediatamente.

LA DEPRESIÓN NUNCA ES NORMAL

Muchas personas creen que la depresión es normal entre ancianos, adolescentes, madres, mujeres menopáusicas y personas que sufren de enfermedades crónicas. La verdad es que la depresión nunca es normal. Si tú o alguno de tus seres queridos sufre de ella, tienes el poder, la fuerza y *la información* para hacer lo que puedas—lo que debes—para cuidarte a ti y a tu familia.

Cualquier persona, sin importar su edad, sexo, raza o condición económica, puede experimentar una depresión clínica, pero para algunas personas el riesgo es más elevado. Por ejemplo, si crees o estás segura de que tu madre, tu tía, tu abuela o un tío sufre de depresión, se eleva el riesgo de que tú sufras de depresión. Aun si tus familiares nunca fueron diagnosticados por un doctor, pero sí se hablaba entre la familia de ellos por ser frágiles, complejos, excéntricos o simplemente nerviosos, existe la posibilidad de que caigas en una depresión.

¿Quién Más Corre Riesgo?

Contrario a lo que se cree, la depresión no es parte normal del proceso del envejecimiento, aunque se manifieste con más frecuencia entre las personas mayores que en el resto de la población; los índices de incidencia varían entre un 25 y un 50 por ciento, y son aún más altos en personas ancianas con problemas de salud. El índice de depresión en las residencias de ancianos alcanza la asombrosa cifra de una de cada cuatro personas. Se piensa que la depresión entre ancianos está relacionada con los siguientes factores:

- Soledad y aislamiento
- Pérdida del cónyuge
- Bajo nivel socioeconómico
- Enfermedad física

Las Latinas son hijos, esposas, hermanos, sobrinos y primas excepcionalmente dedicadas, por en de la probabilidad de que estés cuidando de un pariente (familiar) anciano, ahora o en el futuro, es alta. Debido a los altos índices de depresión entre personas ancianas, tú tendrás—casi sin lugar a duda—que enfrentar la perspectiva de cuidar a algún familiar que sufra de depresión. Recuerda que si las señales que describimos anteriormente en este capítulo se aplican a algún familiar, debes buscar ayuda.

EL SÍNDROME DEL NIDO VACÍO

El síndrome del nido vacío—que puede ocurrir cuando los hijos crecen y se van de casa—*no* es un diagnóstico psicológico, sino puede ser un indicio de fue los padres se puedan deprimir. Cuando converses con tus padres, ¡asegúrales de que se trata de una añoranza pasajera y no del principio de una depresión!

Es posible que las personas ancianas que sufren de depresión pierdan el apetito y por consiguiente adelgacen, lo que podría empeorar cualquier problema de salud que tengan. Lo que más nos preocupa es el hecho de que una persona anciana deprimida puede volverse olvidadiza y acabe perdiendo la memoria; la familia y los doctores a veces confunden esto con demencia (como en la enfermedad de Alzheimer) cuando en realidad se trata de depresión. Pero a diferencia de lo que sucede en los verdaderos casos de demencia, esas personas no suelen tener problemas de lenguaje y responden con un "no sé" a preguntas que se les hace, en vez de inventar alguna respuesta. Este deterioro de la memoria empezará a desaparecer una vez que empiece el tratamiento para la depresión. Si eres hija que tiene que cuidar de uno de tus padres o abuelos, otro factor que deberías tener en cuenta acerca de los ancianos y la depresión es que el índice de suicidio es *mayor entre hombres de sesenta y cinco años de edad en adelante.*

Menopausia y Depresión

La menopausia empieza después de que empieza a disminuir el ciclo menstrual. Dura de dos a cinco años y a la mayoría de las mujeres les ocurre entre los 48 y los 45 años. Debido a los cambios marcados de hormonas que afectan el cuerpo de la mujer en este periodo de su vida, el proceso se ve acompañado de síntomas físicos como sudores por las noches y acaloramientos. También puede ir acompañado de ansiedad, fatiga, tensión, cambios de estado de ánimo, irritabilidad y aun depresión, pero, como hemos venido diciendo, cada mujer experimenta los mismos síntomas de manera diferente. Si has entrado en el periodo de menopausia, no sería raro que experimentaras algunos de estos síntomas; pero también puede ser que estos cambios hormonales sólo te afecten levemente, o tal vez ni los sientas. La dieta, el ejercicio y algún tratamiento para estos malestares físicos te podrán ayudar a aliviar el paso de la menopausia.

Muchas mujeres suponen que si van a pasar por la menopausia, experimentarán síntomas depresivos y tendrán que soportarlo sin más y con buen ánimo porque "es parte de ser mujer." Nada está más alejado de la realidad: los sentimientos depresivos *no* son parte normal de la menopausia y no deberían ser tolerados. Así que consulta a tu médico o a un profesional de la salud mental si tienes síntomas de depresión que podrían afectar tu vida diaria. Hay muchos grupos de apoyo en Internet, así como folletos informativos donde podrás leer más acerca de las nuevas terapias para la menopausia (listamos algunos de ellos en la sección de recursos al final de este libro).

Si la persona que sufre de depresión eres tú, un familiar o una amiga, ten siempre en mente que hay un tratamiento y que puede ser muy eficaz. El camino a la felicidad, a la salud y a la recuperación está al alcance tuyo y de tus seres queridos. Ahora que reconoces las señales de la depresión, tienes la información y el conocimiento para *cambiar*. Como María dijo, "Ahora puedo decir, 'todo lo que viene, conviene,' y entonces agrego las primeras creencias: Tengo el poder de aprender lo necesario y de cambiar mi situación. Puedo convertirme en un ser espiritual y equilibrado. Debo cuidar de mi cuerpo y de mi alma. Puedo cuidar de otros sin dañar mi futuro y mi bienestar emocional. Creo que empiezo a comprenderme a mí misma y a quienes me rodean. Puedo ganar perspectiva y fortalecerme. Cargada de optimismo, buscaré la información que necesito para la seguridad y el cuidado de mi salud mías y la de los demás."

Creencia #3

CREER EN EL CAMBIO

C reo en el cambio. Creo que puedo superar la adversidad. Creo que puedo crear un cambio positivo que estará en armonía con mi herencia cultural. Creo que puedo cambiar mi entorno y superar mi dolor y mi enojo. Creo que tengo el poder, el deseo y la información que necesito para mejorar mi vida.

Las investigaciones demuestran que, como latina, eres más propensa a enfrentar numerosas y variadas dificultades en tu vida—ya sean accidentes, enfermedades, relaciones abusivas u otros estreses basados en la tradición o cultura—que te pueden causar depresión. La Creencia #3—creer en el cambio—te ayudará a recordar que aunque las cosas a veces parecen imposibles de superar y que no tienen sentido, el cambio *sí es* posible. Es posible crecer. Tienes opciones. Tan sólo necesitas saber cuáles son tus puntos fuertes y qué recursos están a tu alcance. No decimos que sea fácil. El cambio es difícil y enfrentar los miedos es difícil, pero el que no se arriesga, no gana.

EL PODER DEL CAMBIO:
MIRA TU PASADO

Después de creer en ti misma, y de reconocer las señales y síntomas de la depresión, es importante que des el siguiente paso: creer que las cosas pueden cambiar, que *tú* puedes cambiarlas y que tienes la habilidad de superar tu depresión.

La mayoría de las latinas pueden mencionar algunos acontecimientos que han alterado su vida y a raíz de los cuales ganaron perspectiva, aprendieron a valorar las cosas y se vieron forzadas a tomar decisiones o hacer cambios que de otra manera no se hubiesen atrevido a hacer. En tu propia vida, examina algunos episodios para darte cuenta de cómo te fortalecieron ciertas dificultades. Si por el contrario, eres incapaz de superar los sentimientos pasados de tristeza, o si eres incapaz de ver que las cosas mejorarán, eres candidata para caer en una depresión clínica.

El primer paso consiste en reconocer que todo aquello por lo que has pasado, ya fuese una situación abusiva o la pérdida de algún ser querido (debido a muerte, divorcio, o simplemente por traslado), merece tristeza, rabia, o un proceso de duelo; recuerda que no estás sola en esta experiencia.

INCESTO: LA HISTORIA
DE JOSEFINA

Una de cada tres o cuatro mujeres ha sufrido alguna forma de abuso sexual antes de llegar a la edad de dieciocho años. Es difícil evaluar el grado de trauma psicológico—depende del tipo de abuso, de su duración y de la relación con el abusador. Lo que *sí* se sabe es que el daño puede ser devastador. Por lo general, quienes han sido víctimas de incesto se sienten ansiosos, tienen problemas de autoestima y confianza, y presentan síntomas depresivos acompañados de culpabilidad, vergüenza y el sentimiento de haber sido ultrajadas. También existe la posibilidad de que el índice de drogadicción sea más alto en los adolescentes y adultos que fueran abusados de niños. Más aún, algunos sobrevivientes pueden desarrollar el trastorno de estrés postraumático y hasta pueden tener experiencias disociativas (estar fuera del cuerpo).

Creo que empecé a pensar acerca del abuso que sufrí porque mi hija acaba de cumplir ocho años, es decir la misma edad que yo tenía cuando abusaron de mí. Mi padrastro entraba en mi habitación y al baño si yo no echaba el cerrojo. Entraba en mi habitación y trataba de acariciarme al tiempo que me hablaba haciéndome mimos. Luego me amenazaba con dejar a mi madre o lastimarla si yo le decía algo. Siempre tenía miedo cuando él estaba cerca o cuando estaba sola. Mis recuerdos son a veces borro-

sos, pero estoy segura de que no me los inventé. A veces me venía a la mente alguna imagen repentina del abuso, me sentía completamente distante, ni siquiera en mi propio cuerpo, como si estuviese viendo lo que pasaba desde fuera de mi cuerpo. Lo peor fue cuando se lo dije a mamá, ella no me creyó. Tuve que vivir así durante años y me doy cuenta de que realmente me hizo muchísimo daño. Me cuesta confiar en la gente y acercarme a mi esposo.

—Josefina, 28 años, casada, ama de casa, puertorriqueña americana, primera generación estadounidense, vive en el Bronx, Nueva York

Cuando Josefina estuvo en terapia, la doctora Belisa le dijo que no tenía que esforzarse por recordar cada detalle doloroso del abuso para poder afrontarlo y comenzar a cambiar. La doctora le explicó que si al comienzo no quería hablar de ello en voz alta, no tenía que hacerlo. Cuando un sobreviviente de abuso decide empezar a desentrañar el dolor de la experiencia, lo debe hacer a su propio ritmo, en un lugar reconfortante y con alguien con quien se sienta a salvo y en confianza.

Dos de las cosas más importantes que Josefina aprendió a decirse a sí misma desde el comienzo fueron:

1. No tengo la culpa del abuso que sufrí. De ninguna manera bajo ninguna circunstancia o situación merecí ese abuso.

2. El abuso pudo haber sido doloroso y aterrador, leve o grave, pero ahora soy una persona adulta y tengo el poder de controlar mi presente y mi futuro.

Las formas más comunes de incesto son usualmente las cometidas por padres, padrastros, tíos y hermanos mayores; aproximadamente, 75 por ciento de los casos son incesto de padre e hija. Los niños varones también sufren de incesto más veces de lo que se cree. Ya de adultos, los hombres son aún más reacios a hablar de ello que las mujeres.

INCESTO: LA HISTORIA DE JUANA

Juana estaba preocupada. Pensaba que su novio Rafael sufría de depresión ya que se irritaba y no se comunicaba fácilmente con las personas a su alrededor. Muchas veces parecía lejano, abusaba del alcohol y se había distanciado. Un día, se soltó a llorar y finalmente contó su historia: "Mi tío venía a cuidarnos cuando mis padres salían. Algunas noches iba a la habitación de mi hermana y a veces a la mía. Recuerdo que quería matarlo. Nunca hablé de ello. Lo peor es que todavía lo veo de vez en cuando. Sé que él se pregunta si yo me acuerdo. Ojalá pudiese olvidarlo."

Si alguna vez has sufrido de alguna forma de abuso, no estás sola en tu experiencia. Cada año se reportan entre ciento cincuenta mil y doscientos mil nuevos casos de incesto en los Estados Unidos. A parte de estas estadísticas, es difícil obtener cifras más precisas acerca del incesto debido a los sentimientos de culpabilidad y vergüenza que impiden hablar de ello. Un gran número de sobrevivientes se creen culpables y viven sintiéndose avergonzados. Hay muchas otras formas de incesto y abuso sexual que no se denuncian, especialmente entre las familias latinas donde el abuso se mantiene en secreto. Josefina consultó a la doctora Belisa en busca de ayuda, mientras que Juana reconoció los síntomas en su novio y contribuyó a que *él* recibiese tratamiento. Ya sea que tú hayas sufrido de un abuso sexual o que alguna persona querida te cuente su secreto, es preciso buscar ayuda. Los primeros pasos en este proceso son reconocer que has sobrevivido y que existe la posibilidad de cambiar. Puedes empezar con la lista de recursos en la parte de atrás de este libro. Siempre ten en mente que no estás sola en tu experiencia y que en nuestra sociedad hay muchos recursos donde acudir en busca de ayuda.

LA MUERTE: DE LA PÉRDIDA A LA PAZ Y LA ACEPTACIÓN

La pérdida de un ser querido puede ser una de las experiencias más devastadoras. Extrañas a la persona, la recuerdas y es difícil aceptar que nunca más la verás. Es fácil comprender que si has perdido a alguien tan querido, te sentirás triste y eso puede conducir a la depresión.

Sin duda, la viudez pondrá al latino en riesgo de caer en la depresión. Una de cada tres personas viudas padece de un trastorno depresivo mayor en el primer mes después de la muerte del cónyuge y la mitad se queda deprimida durante un año entero. Éstas últimas exigen tratamiento, pero frecuentemente no lo reciben porque la familia y los amigos lo atribuyen erróneamente a los síntomas que se consideran parte del dolor y la soledad.

El proceso de la muerte y la pérdida puede ser aún más complicado e intenso para un latino que vive en los Estados Unidos, lejos de su familia y su país de origen. Si un amigo o algún familiar muere en el país natal y la persona no puede ir al funeral, puede que los sentimientos de pérdida y depresión sean aún más agudos. Los pacientes con quienes hemos trabajado, que estaban en duelo debido a la pérdida de algún ser querido, dijeron que sintieron que la pérdida les había reavivado los sentimientos de soledad y enajenación.

Aunque cada persona sobrelleva el duelo de diferente manera y a un ritmo personal, hay cinco etapas en el proceso de aceptación de una muerte reciente o inminente. No todos pasarán por cada etapa tal y como están presentadas aquí pero en algún momento quizás sientas que estás atravesando por alguna o por todas:

1. Choque y negación (¡No lo creo! ¡No es verdad!)
2. Ira (¿Cómo es posible? ¿Por qué me pasó esto a mí?)
3. Regateo (Por favor, Dios, ¡haré cualquier cosa para que no sea así!)

4. Depresión (¡Qué profunda tristeza! ¡Qué dolor tan grande!)

5. Aceptación (Así son las cosas; hay que seguir adelante.)

Debido a nuestras creencias tan arraigadas acerca de la muerte y de la vida de ultratumba, es común creer escuchar la voz de la persona difunta o verla en apariciones. Estas experiencias, si son aisladas y no son recurrentes, se consideran parte de la experiencia normal de duelo.

El esquema anterior se refiere a una pérdida normal, ya sea tuya, de una persona amiga o de un miembro de la familia. Por otro lado, cuando alguien ha pasado por un duelo y después de algunos meses muestra señales de depresión serias y no avanza hacia la "aceptación," alguien debe intervenir. Si la persona que está en duelo es incapaz de recuperarse del choque de la muerte y persisten sentimientos de tristeza que se vuelven tan graves que interfieren con el funcionamiento de la vida diaria, es hora de preocuparse. Ése es el momento en que se presenta la posibilidad de una depresión clínica que requiere tratamiento. Si tú estás pasando por un duelo y no logras avanzar a la etapa de "aceptación"—y reconoces los síntomas de depresión de los que hemos hablado—es de suma importancia que creas en la posibilidad del cambio y en el poder, el deseo y la información que tienes para mejorar tu vida.

VIOLENCIA EN EL HOGAR:
UNA RELACIÓN EN DETERIORO

Cada vez que mi novio se emborracha, se convierte en otra persona. Cuando está sobrio, nunca te lo podrías imaginar. Es un borracho enojón y hasta la más mínima cosa lo hace estallar. Cuando vuelve a casa después de beber, camino de puntillas, pero siempre encuentra algo que lo hace explotar. Hasta me ha empujado y golpeado. Al día siguiente, se siente abatido y avergonzado. Pide disculpas y se vuelve en verdad cariñoso. Cada vez quiero pensar que será la última vez. Tiene un carácter fuerte.

—Carmen, 36 años de edad, cubano–americana, segunda generación estadounidense, trabaja como peluquera en Miami, Florida

Aunque un "carácter fuerte" es algo deseable en un hombre, tiene su lado muy negativo cuando se trata de gritos abusivos, intimidaciones y hasta abuso físico. Se considera abuso físico toda forma de infligir o intentar infligir daño físico a otra persona, agarrándola, golpeándola, pellizcándola, empujándola, pegándole, mordiéndola, tirándole del cabello o negándole cuidados médicos, sueño y alimentos, forzándola a tomar drogas o ingerir alcohol. El abuso es más común de lo que quisiéramos creer. Las estadísticas sobre el abuso físico son alarmantes:

- Una de cada tres mujeres ha sufrido violencia física en cierto momento de su vida por parte de un hombre con quien vivió.
- La causa más frecuente de heridas en mujeres de entre los quince y los cuarenta y cuatro años de edad es haber sido golpeadas—más que la suma producida por accidentes automovilísticos, robos y violaciones.
- Las mujeres tienen de cinco a ocho veces más probabilidades de ser maltratadas por su pareja.
- Aproximadamente un treinta por ciento de las víctimas femeninas de homicidios, murieron a manos de sus esposos o novios.
- Las mujeres golpeadas son más propensas a sufrir pedidas de embarazo y a dar a luz bebés de bajo peso.

Carmen es una de esas mujeres. Después de años de vivir en una situación de deterioro progresivo en su hogar, finalmente se dio cuenta de que tenía que cambiar. Tenía que tomar el control de su seguridad y tenía que parar el comportamiento abusivo y los maltratos. Llamó a un servicio de ayuda por teléfono para obtener información. Después de tres intentos, Carmen, que estaba embarazada, hizo un cambio que, sin exagerar, le permitió salvar su vida: por fin pudo acabar con esa relación abusiva. Para ese entonces, el abuso había llegado a tal punto que después de marcharse, ella sufrió una pedida del embarazo, causado sin lugar a dudas por las golpizas.

No todas las formas de abuso están asociadas con golpes o maltratos físicos: el abuso emocional o psicológico puede ser sutil, pero no es menos doloroso ni menos dañino. El abuso emocional es un intento de socavar el amor propio de una persona por medio de crítica constante, menosprecios, ataques verbales humillantes y manipulación de emociones o sentimientos. El abuso psicológico suele comenzar de forma sutil. El resultado final es que el agresor intenta infundirle miedo a la otra persona con intimidaciones, peligros, amenazas, chantajes y acoso, o aislándola de los amigos, la familia, la escuela y el trabajo. La violencia en el hogar, por consiguiente, no es solamente dar bofetadas, empujones y dar golpes, como en el caso de Carmen; es también el establecimiento del control y del miedo en una relación a través de violencia física y abuso coercitivo emocional o psicológico. El abuso manifesto no es necesariamente frecuente, a veces permanece como un factor escondido y aterrorizador constante. El abuso emocional o psicológico no deja moretones, pero puede preceder o acompañar la violencia física como una forma de control a través del miedo.

H ace ocho meses que salgo con un muchacho que me gusta. Al principio de la relación parecía que era realmente protector y eso me gustaba, pero últimamente se está volviendo más controlador y muy celoso: quiere saber dónde estoy, con quién estoy, me dice que le llame y le deje un mensaje en su bíper durante el día. ¡Tiene celos hasta del tiempo que paso con mi her-

mana! Me ha prohibido que salga con mis mejores amigas, di-ciéndome que son mujerzuelas y malas influencias para mí. Siento que me ahogo y me siento atrapada. Tengo la sensación de que me está manipulando la mente. Me pregunto si estoy volvién-dome loca. Él toma todas las decisiones de lo que consumimos. Hemos llegado al punto en que yo ya no dispongo de mi propio di-nero. Me hace pedirle una mensualidad y ha tomado el control de mis tarjetas de crédito. Le mencioné que me gustaría buscar un trabajo de medio tiempo y me dijo ¡ni se te ocurra! Algunas veces me humilla burlándose de mí; otras veces me ignora por completo. Me dice gorda y fea, y luego me dice que nunca llegaré a ningún lado ni llegaré a ser nadie. Me grita y me maldice, pero luego me dice cosas lindas para tapar las feas. Me dice que soy neurótica y que estoy loca . . . y tengo miedo porque empiezo a creerle.

—Marisabel, 19 años, mexicana-americana, tercera generación estadounidense, asiste a la Universidad de Long Island, New York

El estrés de estar en una relación abusiva—ya sea de abuso físico, o el más sutil pero igualmente dañino, abuso emocio-nal—puede conducir a la depresión. Para superar la depre-sión, hay que cambiar la situación en la que te encuentras.

Cambiar una Relación Abusiva

El abuso psicológico, el abuso emocional, el abuso físico: todas las formas de abuso son totalmente inaceptables. Entonces, ¿por qué es tan difícil para las mujeres dejar este tipo de relación cuando saben que merecen algo mejor?

Muchas veces, las mujeres quedan tan aisladas durante una relacion abusiva que cualquier cambio parece imposible. El apoyo emocional fuera de la relación se vuelve dificilísimo. Aunque ellas se dan cuenta de que el trato que reciben es injusto, su autoestima ha disminuido completamente y hasta se convencen de que, de alguna manera, se merecen que las traten de esa manera denigrante.

Muchas veces, las mujeres no dejan las relaciones abusivas porque les falta capacidad para reconocer que el trato que reciben es en realidad un abuso. "Una de las razones por las que aguanté tanto fue porque había perdido la perspectiva de lo que era abuso. Como las cosas iban empeorando perdí la noción de lo que era aceptable y lo que no," dijo Marisabel. "Cuando pienso en el pasado, sé que aguanté mucho más de lo que debía. Debí haberlo dejado mucho antes, pero sólo ahora que estoy fuera de la relación lo puedo ver. Más vale tarde que nunca, ¿no?"

Ayudar a una Amiga a Cambiar

Si alguien confía en ti y te cuenta que ha sufrido abuso de alguna manera, créeselo. Aliéntala con mensajes positivos como, "No mereces que te traten de esa forma, no estás sola" y "no eres responsable del abuso, no importa lo que hayas hecho." E inclusive ayúdala a que se oriente y se informe, o

POR QUÉ A LAS MUJERES LES CUESTA ROMPER LAS RELACIONES ABUSIVAS

1. Miedo a que aumente la violencia y el peligro al que están expuestos ella, sus hijos y su familia.
2. Miedo a perder a los hijos.
3. Miedo a que no le crean o a que le echen la culpa.
4. Falta de recursos económicos, capacitación para trabajar y preparación profesional.
5. Falta de información y recursos (sobre todo en el caso de las mujeres indocumentadas, incapacitadas, lesbianas, o mujeres de color).
6. Falta de apoyo o aislamiento.
7. Amor por la pareja.
8. Esperanza de que las cosas cambien.
9. Presiones familiares o por convicciones y valores religiosos.

búscale un grupo de apoyo. Por ejemplo, si tu amiga está en peligro de abuso físico, puedes ponerla en contacto con un consejero especializado en la violencia doméstica usando los números de teléfono que aparecen al final de este libro. Hazlo lo más pronto posible. Recuérdale que ponga los números en un lugar donde su pareja no los pueda encontrar. Un consejero profesional le ayudará a elaborar una estrategia que le podría salvar la vida. Sé paciente. No la animes a romper la relación antes de que esté lista, ya que podrías ponerla en peligro si no tiene un buen plan de protección. Recuerda siempre que una mujer maltratada no logra la separación final de un tirón.

Trauma: Lo Inesperado

Nunca podemos anticipar los accidentes, los asaltos ni las enfermedades: son lo inesperado. De hecho, lo que los hace tan difíciles de comprender y de aceptar es que no hay manera de prepararnos para el trastorno en nuestra vida. Además, la *manera* en que experimentamos el trauma es diferente en cada persona. Un episodio traumático puede cambiar tu vida para siempre. No tiene que haberte pasado a ti; puedes estar traumatizada por algo que le sucedió a algún ser querido. El resultado es el mismo. Sin embargo, esos sucesos pueden predisponer al individuo a sufrir de depresión o de trastorno de estrés postraumático (PTSD, por sus siglas en inglés).

Como con la depresión, es importante reconocer algunos de los síntomas del trastorno de estrés postraumático:

- Experiencia traumática severa
- Recuerdos recurrentes del acontencimiento
- Sueños angustiosos sobre el incidente
- Imágenes repentinas del trance
- Evasión de las cosas que le recuerdan a uno la experiencia penosa
- Pérdida de interés en actividades

- Dificultad para conciliar el sueño o permanecer dormida
- Irritabilidad
- Falta de concentración
- Sentirse nerviosa todo el tiempo o en tensión constante

Un ejemplo reciente sobre un acontecimiento que causó depresión y trastorno de estrés postraumático a nivel nacional fueron los ataques a las torres gemelas de World Trade Center y al Pentágono el 11 de septiembre de 2001. Muchos neoyorquinos se vieron afectados por el trastorno de estrés postraumático como resultado de la experiencia. La repetición de las imágenes de los ataques en los noticieros, las imágenes en los periódicos y los debates constantes de la tragedia hicieron que muchas personas que no habían sufrido directamente los ataques comenzaran a tener pesadillas, dificultad en concentrarse y recuerdos constantes y vívidos de la brutalidad del incidente. El trastorno de estrés postraumático no sólo ocurre en adultos; los niños que presenciaron los ataques resultaron tan afectados como los adultos.

Se demostró que los latinos corrían mayor riesgo de desarrollar el trastorno de estrés postraumático y la depresión, posiblemente debido a los obstáculos y traumas que debieron enfrentar muchos inmigrantes latinos al llegar a este país. Además, muchas familias latinas vienen de países asolados por la guerra donde han pasado por conflictos económicos y políticos. Es probable, por consiguiente, que la depresión sea el resultado de muchas cosas y no sólo de una. Es importante reconocer los síntomas del trastorno de estrés postraumático y de depresión, y saber que es posible conseguir ayuda y cambiar. Mereces recibir ayuda lo antes posible; ya que una vez que la enfermedad progresa, se vuelve más difícil de tratar.

SEPARACIÓN Y DIVORCIO: CAMBIOS EN EL PORVENIR

Pensaba que todo iba bien entre Rigoberto y yo . . . estaba emocionada con todos los planes con los que soñábamos para nuestro futuro. Aunque las cosas no siempre estaban bien, me sorprendió la separación y cuando me pidió el divorcio el mes pasado quedé aún más sorprendida. Estaba perpleja, luego enojada, luego triste y confundida. No sabía qué había pasado y me sentía abatida. Me pasaba horas en casa tratando de entender qué había pasado y sintiéndome cada vez más culpable y desesperada. El divorcio fue muy doloroso, sólo pensaba en la canción de Marc Anthony: "Mi dolor más profundo, lo que no pudo ser, lo que siempre amaré, a veces es tan cruel recordarte otra vez." Finalmente me di cuenta de que estaba harta de sentirme mal, que estaba harta

de estar triste, y ahora canto como "la Lupe," "Lo que pasó, pasó.
Y no tiene remedio, si una vez te estorbé, yo me quité, yo me quité
del medio."

> —Laura, 30 años, divorciada recientemente,
> panameña–americana, primera generación
> estadounidense, vive en Queens, Nueva York
> y es enfermera de profesión

El dolor de una separación, una infidelidad o un divorcio puede causar tantas angustias y sufrimientos como una muerte. Ya sea que la pareja solucione los problemas y se reconcilie, o que se separe, las peleas y luego la soledad son muy dolorosas, y ocasionan tristeza y pena. Dejando a un lado los detalles, recuerda que puedes efectuar cambios en tu vida para superar tu dolor y tu justa rabia. Puedes mejorar las cosas, "El que persevera, alcanza." Laura le dijo al doctor Jorge: "Me avergonzaba que las cosas hubiesen llegado a tal punto que tuviéramos que divorciarnos. Sabía que le dolería a mi madre; ella esperaba que yo 'pusiese más empeño' para que la relación funcionase. Me sentía como si hubiese echado a perder parte de mi vida. Los sueños de mi familia ideal se habían hecho añicos; todos los planes y las escenas que albergaba en la mente se habían desvanecido. Mi mejor amiga se sentó a conversar conmigo y me recordó que yo no siempre había estado triste. Me di cuenta de que tenía que cuidar de mí misma y continuar con mi vida. Quería que las cosas cambiasen y lo tendría que hacer yo misma."

CREO EN MÍ MISMA. CREO EN LAS SEÑALES. CREO QUE PUEDO CAMBIAR.

Laura se preguntaba, "¿Cómo puedo cambiar mi situación?" En este capítulo hemos examinado la importancia de reconocer lo que te pasa: ya sea por una situación abusiva o por la pérdida de un ser querido: Tienes derecho a estar triste, enojada, y a pasar por un proceso de duelo. Pero necesitas comprender también que no estás sola en esta experiencia.

Todas las latinas que has conocido en las páginas de este libro creyeron en sí mismas y reconocieron las señales y los síntomas de un problema. También tuvieron que dar el salto importante, uno que las llevaría a creer que las cosas podían cambiar para mejor y que ellas tenían la habilidad, el poder y la fuerza de carácter para enfrentar y superar sus problemas.

Ya has reconocido las señales; has dicho en voz alta que quieres un cambio. Te gusta la idea. Sabes que puedes superar la adversidad, enfocar el problema y convertirte en una mujer fuerte. Tienes la convicción de que a pesar de los problemas que has tenido, sobrevivirás. Crees que puedes cambiar para mejorar; crees que puedes hacer cambios a tu alrededor y superar tu dolor, ira y depresión. Aun si has tardado en darte cuenta de esto, nunca es tarde.

Los sucesos que alteran la vida, y que hemos tratado, conducen a una forma de cambio. A veces, las situaciones difíciles fortalecen y hacen más adaptables a las personas, mientras que otras personas se abruman y a veces se deprimen. Cuando la depresión surge o empeora debido a circunstancias extremas, debes hacer un cambio empleando estrategias constructivas y útiles. También es verdad que muchas personas superan los obstáculos y mejoran si son capaces de reconocer la mera *posibilidad* de lograr un cambio. Por tu fortaleza, eres capaz de encontrar un nuevo camino hacia tu recuperación y salud mental. Debes integrar estos cambios a tu vida y usarlos para reunir fuerzas, conocimiento y sabiduría. Con la adversidad puedes crecer, ver las cosas objetivamente y fortalecerte. Debes creer en esto: a pesar de que la vida te haya puesto esa carga, saldrás triunfante.

Así que debes creer en que puedes cambiar para mejorar; creer en que puedes cambiar lo que te rodea para superar tu dolor y tu ira. Aunque sea difícil de creerlo en medio de tu aprieto, no estás sola en tus sentimientos ni en tu experiencia. Puedes superar la situación y crearte un lugar de paz y comprensión.

Los cambios que quieras hacer, los debes integrar en tu vida y usarlos para reunir fuerzas, conocimiento y sabiduría. Sin embargo, el cambio, como ya sabemos—sin importar lo positivo que sea—puede causar cierto tipo de estrés, aun si se trata de aliviar otras formas de estrés. Muchos de los cambios personales y el estrés pueden afectarte *físicamente*. Al convertirte en latina del siglo veintiuno, debes nutrirte, sanar y creer en tu cuerpo tanto como en tu mente, como veremos en el siguiente capítulo.

CREER EN TU CUERPO

Creo que tengo control sobre mi cuerpo. Creo que puedo amar mi cuerpo, alimentándome y manteniéndome saludable. Creo que mi cuerpo y mi salud—física, mental y espiritual—están entrelazados y son parte esencial de lo que soy como latina investida de poder.

Has puesto mucho esfuerzo en llegar hasta aquí: creer en ti misma, en las señales y síntomas de los problemas de salud, y en tu capacidad para cambiar tu situación y tu vida para ser lo más saludable posible.

¿Pero qué piensas de tu cuerpo? Se dice a menudo que el cuerpo es el templo del alma y es muy cierto. Otros dirían que el cuerpo *es* un templo. Creas lo que creas, tu cuerpo y tu salud son parte importante e integral de quien eres y de cómo te sientes. En este capítulo, nos centraremos en tu cuerpo y en aquellos hábitos—buenos o malos—que pueden mejorar o empeorar cómo te sientes, especialmente si sufres de depresión. En el capítulo anterior, comprendiste la importancia del cambio: el cambio de tu situación, cambio en tu manera de pensar, cambio hacia un vida mejor. Ahora debes cambiar lo que está *dentro* de ti—tu parte física—para poder ganar control sobre ti misma.

EL CUERPO REACCIONA
A LA DEPRESIÓN

Como las causas de la depresión no se conocen del todo, podemos suponer que son numerosas y se presentan en diferentes combinaciones. Hemos aprendido, por ejemplo, que la depresión puede ser desencadenada por la tensión, el estrés, un suceso traumático, un desequilibrio de ciertas sustancias químicas del cerebro o por un problema de salud. En los capítulos anteriores, se examinaron algunos factores que pueden desencadenar la depresión y conociste a varias latinas que sufrieron de depresión bajo diferentes circunstancias. También se sabe que las deficiencias de nutrición, una dieta inadecuada, la imagen corporal, el peso, los trastornos alimenticios, falta de ejercicio y ciertos graves trastornos físicos pueden causar o contribuir a la depresión.

El cuerpo de una persona con depresión no funciona como debería: si estás deprimida, podrías experimentar molestias y dolores inexplicables, frustración al tratar de conciliar el sueño, sentimientos de culpabilidad por estar irritable y confusión al estar triste. Tal vez te sientas más cansada de lo usual, débil, somnolienta, constantemente tensa. Todo parece poco prometedor. Ya sea que la depresión se herede (genéticamente) o surja debido a estrés o trauma, el cuerpo se ve sometido a lo mismo: los niveles de ciertas sustancias químicas—serotonina y norepinefrina—están desequilibrados. Por consiguiente, los centros en tu cerebro que están relacionados con la emoción también se encuentran en desequilibrio. El resultado es llanto, irritabilidad, tristeza y rabia, además de los síntomas físicos tales como un bajo nivel de energía, cambios en el sueño y el apetito o deterioro de la memoria y la concentración.

Si crees en tu cuerpo, puedes seguir algunas prácticas saludables que pueden impedir la depresión o mantener una depresión leve al margen. Puedes seguir una rutina diaria saludable que funciona junto con un tratamiento más riguroso, como el tomar medicamentos, para tratar una depresión moderada o grave. Comer ciertos alimentos y evitar otros, tomar suficiente sol y tomar suplementos, ya sean hierbas o vitaminas, son acciones que tienen un impacto sobre el nivel de serotonina en tu cuerpo y tu estado de ánimo.

Muchas latinas deprimidas se sienten confundidas y enojadas por lo que ellas describen como un extraño conflicto que sienten en el cuerpo. "No aguanto estar en mi cuerpo," "Me siento fuera de control," "Me siento esclava de las necesidades del cuerpo y de cuánto debo dormir," "Tengo problemas en ajustarme a esas ansias, cambios de estado de ánimo y los periodos de altibajos impredecibles," "No me puedo concentrar y me enojo conmigo misma." Éstos son ejemplos de lo que hemos escuchado decir a los pacientes.

Así que, puedes fortalecerte para sentirte mejor, vigilando cuidadosamente lo que comes, haciendo ejercicio regularmente, eliminando el estrés de tu vida, resolviendo los problemas por medio de la terapia o tomando medicamentos—hacer estas cosas en cualquier combinación tendrá un impacto significativo en la forma en que tu cuerpo funciona. La depresión es un trastorno de la mente y del cuerpo, esto quiere decir que afecta—tanto el espíritu y la mente como el cuerpo—y para sentirte mejor, tienes que tomar en cuenta ambas cosas.

LAS LATINAS Y NUESTRO CUERPO: MENSAJES CONTRADICTORIOS

"¡Estás muy flaca!" "¡Estás muy gorda!" "¡No te pongas ese vestido!" ¿Te suenan estos comentarios? Desde que somos pequeñas, se nos dice lo que debemos y lo que no debemos hacer con nuestro cuerpo: cómo tratarlo, cómo vestirlo, cómo hacer ejercicio, cómo comer y cómo alimentarlo. Como si fuera poco, vivimos en una sociedad donde la imagen del cuerpo es uno de los temas más importantes en la mente de las jóvenes. Si estamos regordetas, queremos ser esbeltas porque eso es lo que nos dicen que es atractivo. Si somos bajas de estatura, queremos ser altas por la misma razón. Podrías llegar a pensar, "¿De quién es este cuerpo en el que estoy atrapada y por qué no puedo tener *ese otro?*" Este capítulo te ayudará a apropiarte de tu *propio* cuerpo, a tomar control de él, a aprender a cuidarlo y por último a sentirte más equilibrada. Mientras sigues leyendo, ten en mente las siguientes frases que forman la esencia de la Creencia #4: Creo que puedo amar mi cuerpo, alimentarlo y mantenerlo saludable. Creo que mi cuerpo y mi salud—física, mental y espiritual—están entrelazados y son parte esencial de mi ser.

Amo mi Cuerpo. Odio mi Cuerpo.

Las latinas encaran muchas dificultades cuando tratan de amar su cuerpo. La primera es el hecho de que siendo estadounidense y latina, llevan consigo dos tipos de valores acerca del peso; la segunda es que los índices de abuso sexual, incesto y violación son altos entre las latinas, de tal manera que amar nuestro cuerpo, física y sexualmente a veces nos es difícil de lograr.

"Mientras que mis padres pensaban que era perfecta por ser llenita, mi primer novio me quería más delgada. Las revistas y la televisión muestran tanto chicas delgadas como chicas que tienen curvas. A mi nuevo novio le disgusta que yo haya adelgazado y se la pasa fastidiándome para que coma," le confesó Saralda al doctor Jorge durante su evaluación. "En mi círculo de amigas latinas, me siento muy delgada y hasta se burlan de mí por eso. En mi círculo de amigos americanos, estoy justo en la medida. Es muy extraño que, dependiendo de con quien me encuentre, pueda sentirme bien o mal acerca de mi peso, aunque soy la misma persona." Después de meses de terapia Saralda pudo decir, "Me hace sentir mejor que las curvas estén de moda, ¡espero que no pase esta moda! Siempre he sabido que tengo curvas, pero ahora siento que son algo positivo. A mi novio, que es italiano, le encanta que yo no sea flaca. Lo que importa es que soy lo que soy y me rodearé de gente que me haga sentir bien. Me disgusta cuando la gente hace comentarios sobre el peso de otra persona. ¿Qué les importa? Lo que importa es que uno esté saludable y fuerte."

La noción de que las latinas no experimentan trastornos alimenticios y que sólo las chicas americanas padecen estos trastornos es un mito. La realidad es que las muchachas latinas corren un alto riesgo. Culturalmente, le damos mucha importancia a los alimentos, a la comida y como lucimos. Tal vez te preguntes: "¿Cómo puede nuestra cultura llegar a afectar este aspecto de la vida?" La aculturación aumenta la vulnerabilidad para adquirir un trastorno alimenticio. Estudios recientes indican que las latinas están descontentas con su cuerpo y expresan las mismas preocupaciones acerca de su peso que las adolescentes americanas. Se ha encontrado que las latinas caen en comportamientos arriesgados para bajar de peso, como hacer dietas extremas y recurrir a purgas.

Irónicamente, se ha descubierto que al alejarnos de las expectativas de nuestra cultura tradicional, empezamos a adoptar los estándares de belleza de este país. Es decir, ser delgada es mejor. Se ha demostrado que las latinas nacidas en Estados Unidos prefieren un cuerpo más esbelto. Además, la publicidad en los medios de comunicación—específicamente los medios latinos, incluso la televisión y las revistas en español— refuerza el ideal de "la mujer delgada." Aun entre los mexicanos que preferían la mujer corpulenta, la situación ha cambiado y, hoy día, muchas mexicanas–americanas prefieren la figura delgada. Cuanto más se integre una en la cultura, mayor será el deseo de estar delgada, pero paradójicamente se adquieren hábitos alimenticios que no son saludables. Esto se hace más patente entre adolescentes de la segunda y tercera generación estadounidense quienes tienen mayores problemas con su peso y luchan contra la obesidad. Las investigaciones y nuestra experiencia clínica demuestran que hay varios factores que influyen en la idea que tienen los pacientes de sí mismos y de su cuerpo. Encontramos que el descontento con el cuerpo está vinculado fuertemente a los trastornos alimenticios y a la baja autoestima, y que la depresión contribuye a esos trastornos. Además de que entre las latinas hay altos índices de obesidad, éstas también tienen baja autoestima y están disconformes con su cuerpo. Se sabe que las mujeres con sobrepeso se ven expuestas con más frecuencia a que las molesten, critiquen o discriminen. Las latinas en particular parecen estar a riesgo de recurrir a dietas y purgas—comportamientos que están ampliamente difundidos entre las muchachas hispanas en la secundaria.

El abuso sexual, la violación o el incesto dificultan el desarrollo de la conciencia de las jóvenes acerca del cuerpo y la sexualidad. Como Josefina nos dijo, "Me sentía como si me mereciese o hubiese causado esa situación, y me sentía asqueada y sucia. El descubrir que no tuve nada que ver con todo eso y que mi cuerpo es un templo ha sido un camino difícil." María se expresó en forma similar, "Ahora que soy adulta, me doy cuenta de que el abuso que sufrí por parte de mi tío deterioró mi autoestima. Ha sido difícil reconstruirla." María agregó, "El primer paso fue reconocer mi depresión, luego, fijarme en los patrones, las tradiciones, las creencias y los cuidados de mi cuerpo. Es decir que empecé a educarme acerca de las opciones naturales y saludables. Sé que debo cuidar de mi cuerpo." Como latina orgullosa de sí misma, es tu deber aprender a amar tu cuerpo, aceptarlo y alimentarlo adecuada y saludablemente, con ternura y cuidado.

Alimentos y Depresión

Isabel, chilena, casada de cuarenta y dos años de edad, asistenta técnica en rayos X, le contó a la doctora Belisa que su depresión y estrés la habían inducido a comer más y que había engordado. "Tenía ganas de comer todo el tiempo. El deseo de comer era intenso y pensaba que esto me reconfortaría. Es cierto que me ayudaba por algunos momentos, pero luego me sentía más deprimida. En la clínica donde trabajaba, picaba todo el día . . . Después de un tiempo, empecé a engordar, tan lentamente que al principio no lo noté. Cuando me di cuenta, estaba demasiado deprimida para ocuparme de ello, a pesar de que realmente me molestaba. No tenía la energía para hacer nada al respecto."

La historia de cómo engordó Isabel es muy común en esa situación, aunque también sucede lo contrario y hay personas con depresión que adelgazan porque se les dificulta comer. Ya has conocido a Carmela, que sufrió de depresión posparto; cuando hablaba de su apetito, comentó que sabía que tenía que comer para estar saludable, pero "cada mordida era un esfuerzo; ni tenía ganas de beber nada."

Al llegar a ese punto del tratamiento, la doctora Belisa obtuvo información más detallada acerca de los hábitos alimenticios y los patrones de sueño de Isabel y determinó que su mente y su cuerpo estaban completamente fuera de sincronización. Para volver a tomar control de su vida, Isabel tuvo que empezar a aprender más acerca de las funciones de su cuerpo y cómo cuidarlo para recuperar la salud. La doctora Belisa le habló sobre el ejercicio, las vitaminas y los suplementos, sobre cómo reducir el estrés, cómo formar buenos hábitos de descanso, cómo mantener hábitos de alimentación saludables y cómo reconocer las señales de la depresión que pueden amenazar la vida y dificultar los cambios.

LAS LATINAS Y LA IMAGEN CORPORAL FACTORES DE RIESGO

• El descontento con la figura corporal está fuertemente ligado a los trastornos alimenticios.

• La baja autoestima y la depresión contribuyen a los trastornos alimenticios.

• Las latinas sufren más de baja autoestima y están más descontentas con su cuerpo que otras chicas de diferentes grupos étnicos/raciales.

• Las adolescentes latinas y afroamericanas representan mayores índices de obesidad que las adolescentes americanas.

• Las latinas tienden a hacer menos ejercicio que las americanas.

• Las mujeres con sobrepeso son más propensas a ser molestadas, criticadas o discriminadas.

• La obesidad es un factor de riesgo para las comilonas.

• Las latinas son más propensas a recurrir a dietas y purgas, prácticas ampliamente extendidas entre muchachas hispanas en la secundaria.

• Se ha encontrado que las latinas usan laxantes con más frecuencia, lo que es un rasgo particular entre anoréxicas y bulímicas.

Mantener un Cuerpo y una Mente Saludables

Tal vez no puedas controlar el estado de ánimo de tu esposo o pareja cuando llega a casa; ni qué aparato será el próximo en romperse (¿el refrigerador o el lavavajillas?); ni si habrá un accidente en el camino que te hará llegar tarde a casa. No obstante, posees un cierto control sobre tu persona: tu cuerpo (lo que contiene tu corazón y alma). Puedes ayudarte a salir de una depresión ligera o a escapar completamente de una depresión: protegiéndote de lo que te causa estrés, de la misma manera en la que ayudarías a alguien querido.

Cuidarte como debes, ingiriendo comida sana, tomando los suplementos recomendados y hierbas, pasando buenos ratos al aire libre y gozando del sol, haciendo ejercicios que incrementen el ritmo cardiaco, descansando cuando estás cansada—todo esto te mantiene saludable. Suena sencillo, ¿verdad? Pues, no, no lo es.

A veces, ajustes aparentemente sencillos de poca monta resultan difíciles de efectuar porque tu jornada está repleta. Como madre, hermana, tía, esposa, hija, empleada, tienes demasiado que hacer; y muy probablemente, como latina, invariablemente acabas cuidando a todo el mundo porque así se te crió y eso es lo que dicta la tradición. Pero mereces buena salud, tanto física como mental, y el acto de dedicar el tiempo debido a cuidarte tiene que estar por encima de todos los quehaceres en tu vida. Te sentirás mejor; alimentarás y mantendrás tu cuerpo, tu alma y tu espíritu sanos. Es lo que te corresponde.

BRINCAR Y BAILAR: EL EJERCICIO Y LA DEPRESIÓN

Las investigaciones demuestran que el ejercicio—el acto de elevar la frecuencia cardiaca y mantenerla elevada durante veinte minutos, tres veces por semana—realmente produce un efecto antidepresivo en las personas que padecen de una depresión moderada. El ejercicio promueve la producción de endorfinas; estimulantes naturales del cuerpo humano. Simple y sencillamente, las endorfinas te hacen sentir bien. Están vinculadas a la sustancia química del cerebro llamada serotonina, de la cual hablamos anteriormente. La cantidad de ejercicio que mencionamos, es la que se considera ideal, pero la verdad es que hasta media hora de ejercicio—una vez por semana—es mejor que estar en casa deprimida. Hasta el ejercicio más moderado—caminar alrededor de la manzana, o llevar al perro a pasear—te hará sentir mejor porque habrás logrado algo y, además, te ayudará a evitar la depresión, reforzando tu autoestima. Otro beneficio del ejercicio es que generalmente ayuda a dormir mejor, aun cuando hay antecedentes de insomnio.

Otra buena noticia es que en realidad el ejercicio no tiene

¿QUÉ CUENTA COMO EJERCICIO?

No tienes que ir de mala gana al gimnasio para hacer ejercicio; aquí tienes otras opciones:

- Esfuerzos adicionales: Camina parte del tramo al trabajo, sube y baja las escaleras, al menos algunas veces durante el día. Olvídate del ascensor.

- Relajamiento: ¡Pon música y ponte a bailar! ¡Mueve y sacude tu cuerpo! Baila, aunque sea sólo una canción, y no importa que estés sola en casa. Te sentirás mejor después.

Hagas lo que hagas, recuerda que debes empezar lentamente y a tu propio ritmo. ¡Todo lo que tienes que hacer es ponerte a sudar y aumentar tu frecuencia cardiaca!

que ser una rutina rigurosa; cualquier cosa que te haga levantarte por la mañana, levantarte del sofá, salir de la casa y quitarte los pensamientos depresivos de la cabeza por un rato te beneficiará. ¡Haz ejercicio!

Si te Hace Sentir Bien, ¿Por Qué no lo Haces?

Todo el mundo tiene un millón de excusas para justificar que no tiene tiempo para hacer ejercicio. Estamos demasiado ocupados en nuestra vida con el trabajo, los quehaceres diarios, los hijos, la familia, los amigos o lo que sea. *¿Te suena conocido?*

- No tengo tiempo, pero mañana sí lo tengo y haré el doble de ejercicio.
- ¿Qué tanto me ayudarán esos quince minutos? Probablemente sea mejor relajarme en el sofá.
- ¡Estoy muy cansada! Si hago ejercicio ahora me cansaré más y todavía tengo cosas que hacer.

La verdad es que la mayoría de las personas dicen que una vez que han empezado a hacer ejercicio, comienzan a sentirse mucho mejor, casi immediatemente. Al circular la sangre, el oxígeno llega a todo el cuerpo y empiezas a producir endorfinas, que te estimulan y te hacen sentir mejor.

Ejercicio: Algunos Consejos Prácticos

Sugerimos que empieces lentamente a organizar tu rutina de ejercicio. Convence a tu esposo, tu vecino o una amiga de que te acompañe. Rodearte de personas que piensan de la misma forma, siempre ayuda. Se ha demostrado que si haces ejercicio con otros, lo harás por más tiempo y lo disfrutarás más. Esto es de suma importancia cuando te sientes deprimida y tienes tendencia a aislarte. Es fundamental tener compañía y te ayudará a salir de la oscuridad y del estado deprimido en el que te encuentras aunque sea por un rato.

Si te animas y sientes que puedes reunir la energía necesaria para ir al gimnasio, hazte socia. El costo de asociarse a un club o gimnasio varía de un establecimiento a otro; si no estás segura si te gustará, inténtalo por un mes o habla con un representante local de YMCA para ver si tienen alguna oferta especial con pases de cortesía. Elige un gimnasio que quede cerca de tu casa o de la oficina, eso te lo hará más fácil. Escoge uno que te guste; asegúrate de que la gente que va y las clases que ofrecen también te gusten. Puedes intentar algunos ejercicios aeróbicos en una bicicleta estacionaria o un *stairmaster*. Tal vez te interesen algunas clases de entrenamiento personal o hasta puedes meterte a una clase de aeróbicos acuáticos. Elijas lo que elijas y sea cual sea la forma de ejercicio que hagas, no solamente verás y sentirás los resultados de inmediato, sino que también te darás las gracias a ti misma por estar manteniéndote saludable a largo plazo. En cualquier gimnasio que elijas, seguramente encontrarás mujeres de todas las edades, tamaños y formas haciendo lo mismo que tú: manteniéndose saludables.

Quizás te preocupe sentirte tonta o cohibida de ir al gimnasio o centro de salud. Un gimnasio puede ser intimidante y desalentador al principio, sobre todo si es la primera vez que vas. "Tenía miedo de que sería la persona con la peor condición física del gimnasio," decía Isabel riéndose, y continuaba, "pensaba que todos estarían delgados y felices como en los anuncios de gimnasios, pero ¡vaya si me equivoqué! Había todo tipo de personas; cambiaban dependiendo del horario en el que iba. Ninguno me miró y todos estaban ocupados con lo suyo." Simplemente recuerda: ¡cada uno está allí por el mismo motivo! Si te preocupa cómo te verás en la bicicleta, ¡olvídalo!

CONSEJOS MOTIVADORES:
CÓMO LEVANTARSE DEL SOFÁ

- *Haz ejercicio con tus amigos.* Invita a una amiga o a un amigo a ir contigo, ya sea a caminar o a ir al gimnasio. La compañía de alguien facilita las cosas. Eventualmente también podrás ir por tu cuenta.

- *Haz ejercicio con moderación.* Empieza despacio y con ejercicios fáciles. No vayas al gimnasio y trates de quemar todas las calorías de una semana en un dia. Si lo haces de un golpe el resultado puede ser fatiga muscular y dolor. Si estás adolorida, entonces será difícil regresar al gimnasio. Mejor será hacer poco e ir aumentando lentamente.

- *Haz ejercicio, pase lo que pase.* Cuando te sientes mal, es precisamente cuando debes ir al gimnasio. El decaimiento y la tristeza te harán sentirte con ganas de quedarte bajo las cobijas o en casa, pero es justamente en esos momentos que te debes esforzar para salir de casa. Invéntate algunas triquiñuelas para ir, "Iré sólo por veinte minutos . . . sólo para estirarme."

- *Haz ejercicio para dormir mejor.* No olvides que cuando haces ejercicio, duermes mejor por la noche.

- *Haz ejercicio para controlar tu peso.* Otro beneficio del ejercicio es que quemas calorías y continuas quemándolas aun después de salir del gimnasio. Haz ejercicio, así podrás, de vez en cuando, permitirte comer algo que verdaderamente deseas . . . y no te sentirás culpable.

(continúa)

> • *Haz ejercicio para tu autoestima.* Prémiate por cada pequeño logro. Anímate a quedarte más tiempo o a levantar una vez más la pesa. Te sentirás mejor por el esfuerzo y estarás satifecha contigo misma.

Lo importante es que recuerdes que lo que estás haciendo es muy admirable. Debes sentirte orgullosa de ti misma.

HÁBITOS DE DORMIR:
COMO SUPERAR LA DEPRESIÓN
Y EL INSOMNIO

Tenía muchos problemas para quedarme dormida por la noche. Finalmente caía rendida, pero terminaba despertándome en medio de la noche o demasiado temprano. Hiciera lo que hiciera, siempre me sentía cansada y lenta en la mañana.

Esto es lo que Isabel le dijo a la doctora Belisa en la terapia.

Las latinas con depresión tendrán problemas para dormir; tal vez no tengan un sueño reparador o se pasen mucho tiempo en la cama sin sentir que han descansado. Isabel cuenta, "Me sentía terriblemente cansada por las noches y cuando me iba a la cama, no me podía dormir. Oía a mi esposo que dormía y yo pensaba en todo lo habido y por haber. Mi mente nunca paraba. Pensaba en todas las cosas negativas de mi vida, los problemas en el trabajo y en casa. Luego, me concentraba en el número de horas que me quedaban antes de tener que levantarme. Esto era lo peor porque sabía que la mañana sería horrible y el día sería aún peor. Si lograba quedarme dormida, no era sino hasta las dos o tres de la madrugada. Aun así me levantaba a las seis de la mañana y me sentía cansada, como si no hubiese dormida nada. Había algunas noches en las que lograba dormirme en seguida, pero luego me despertaba en medio de la noche sin poder volver a conciliar el sueño. Me quedaba en la cama y a veces lloraba porque me sentía cansada y completamente frustrada."

¿Te identificas con la historia de Isabel? Si es así, no estás sola. El sueño determina el ritmo circadiano de una persona (el despertador del cuerpo o su termostato) y la depresión altera ese ritmo. La privación de sueño puede ponerte irritable durante el día; tal vez tengas dificultad en concentrarte o sientas que te quedas dormida por la tarde y no puedes despabilarte para cumplir con los deberes de la casa. Según las personas que sufren de depresión la falta de sueño es uno de los síntomas más debilitantes.

Asimismo, las fluctuaciones en el nivel de energía figuran entre los principales cambios fisiológicos que sienten muchas personas con depresión. Isabel, a quien conociste en párrafos anteriores, también tenía un nivel bajo de energía. Al intentar incrementar nuestra energía para hacer el trabajo cuando estamos agotados—debido a la falta de sueño—consumimos cafeína y azúcar. Isabel nos dijo, "Trataba de aumentar mi nivel de energía comiendo chocolate, tomando una taza o dos de café . . . Sé que el azúcar no era lo mejor para mí, el café me deshidrataba y el azúcar también me hace mal, pero tenía que aguantar todo el día." Muchas mujeres, como Isabel, nos cuentan que toman azúcar o cafeína para elevar rápidamente el nivel de energía. Isabel se dio cuenta de que lo que hacía no era saludable ni alimenticio. En las páginas que siguen, hablaremos de la nutrición como un camino hacia la buena salud y el fortalecimiento.

Muchos pacientes vienen a nuestro consultorio y se quejan de que tienen problemas para conciliar el sueño o para permanecer dormidos. Las primeras preguntas que les hacemos tienen que ver con su higiene para dormir. *¿Higiene para dormir?* Tal vez pienses que ésta es una manera muy extraña de describir lo que entendemos por dormir, pero dormir es como bañarse o cepillarse los dientes. Es algo que debemos cuidar. Para poder dormir bien, debes tener una buena higiene para dormir o buenos hábitos de dormir. Éstas son las preguntas que hacemos; responde al cuestionario y descubre los resultados:

Mitos Acerca del Insomnio: ¿Verdadero o Falso?

1. Hacer ejercicio antes de acostarme me ayudará a dormir toda la noche.

Falso: El ejercicio enérgico antes de acostarse en verdad le dificulta a la persona quedarse dormida. Resulta mejor realizar actividades relajantes, como leer o escuchar música.

2. Una taza de chocolate caliente u otra bebida caliente me ayudará a dormir.

Falso: El chocolate tiene cafeína y tiene el mismo efecto que otras bebidas con cafeína—como el café o té cafeinados—mantienen a la persona despierta. Nuestro cuerpo necesita varias horas para eliminar la cafeína, así que debes evitar las bebidas con cafeína varias horas antes de acostarte. Inicialmente, el alcohol puede darte sueño, pero es muy probable que te despiertes al cabo de algunas horas y no puedas volver a quedarte dormida.

3. Un vaso de leche caliente me ayudará a dormir.

Verdadero: La leche caliente tiene ciertas sustancias químicas que inducen el sueño y ayudan a quedarse dormida. También son útiles algunos tés para dormir, como el de manzanilla.

4. Durante el fin de semana puedo recobrar el sueño que perdí durante la semana.

Falso: Un horario irregular de descanso puede interferir en el ciclo normal de vigilia y sueño del cuerpo. Es importante mantener horarios regulares para acostarse y levantarse, aun durante los fines de semana.

5. El insomnio es causado por demasiado estrés.

Verdadero: El estrés puede causar insomnio, pero hay otros problemas de salud que también pueden ser factores. Los medicamentos empleados para tratar las enfermedades cardiovasculares, las enfermedades psiquiátricas y el cáncer, entre otros, pueden causar insomnio.

6. No hay tratamiento eficaz para el insomnio.

Falso: El insomnio puede ser un síntoma de otros problemas de salud, pero sí se puede tratar. Hay muchos tratamientos óptativos que son eficaces.

7. El insomnio no es grave y se pasa con el tiempo.

Falso: En ocasiones, el insomnio requiere de una intervención médica activa, por ejemplo, una receta de medicamentos. Hay tratamientos muy eficaces.

8. Si me quedo suficiente tiempo en la cama, me quedaré dormida.

Falso: Si no puedes dormirte, quedarte en la cama puede agravar la situación. Se recomienda que te levantes, hagas algo relajante hasta que te dé sueño y luego regreses a la cama.

9. Para relajarme por la noche, debo bañarme en la bañera en vez de usar la ducha.

Verdadero: Los baños de inmersión son más tranquilizantes, relajantes y menos despobitantes que usar la ducha.

10. Si fumo un cigarrillo, estaré más relajada.

Falso: La nicotina puede actuar como estimulante y afectar nuestra capacidad para quedarnos dormidos. No se recomienda fumar en la hora antes de irse a dormir.

CONSEJOS PARA DORMIR SALUDABLEMENTE

- No uses la cama para otros propósitos que no sean relaciones sexuales o sueño.

- Evita dormir siestas durante el día.

- Haz ejercicio porque eso te ayudará a sentirte cansada, pero no lo hagas justo antes de irte a dormir.

- Si sientes que no te vas a poder quedar dormida, date un baño de inmersión en la bañera, en vez de usar la ducha antes de ir a dormir.

- Evita comer mucho antes de acostarte.

- Evita ingerir alcohol por la noche.

- No todos los programas de televisión son relajantes; elige cuidadosamente lo que miras antes de ir a dormir.

- No tomes demasiados líquidos antes de acostarte.

- Asegúrate de que tu dormitorio sea confortable, tranquilo y que esté bien ventilado.

- Busca la posición más cómoda para dormir. Muchos ortopedistas recomiendan que uno se acueste de lado, ligeramente haciéndose un ovillo.

Al leer la lista y evaluarte, habrás visto algunas cosas que ya sabías y descubierto otras que puedes cambiar. La verdad es que mucha gente que se queja de tener problemas para dormirse puede normalizarse si mejora su higiene para dormir. Cuando se remedian los problemas que dificultan el sueño, es posible dormir toda la noche sin necesidad de medicamentos o de intervención.

Aunque logres efectuar sólo algunos de esos cambios, notarás los resultados casi inmediatamente. Si continúas teniendo problemas para dormir, ten presente que esto es un síntoma común de la depresión, de otros problemas psiquiátricos y aun de trastornos médicos. Si empiezas el tratamiento de tu depresión, el patrón de sueño volverá a la normalidad.

EL PODER DEL SOL

¿Te sientes decaída o triste cuando las estaciones cambian y cuando los días se vuelven más cortos? La exposición a la luz brillante del sol regula la producción de melatonina en el cuerpo, una hormona producida por la glándula pineal que en parte impide la depresión. Es importante que cada día tomes el sol por lo menos quince minutos. Quédate en habitaciones luminosas en días oscuros. Abre todas las cortinas y persianas y usa lámparas fluorescentes de espectro solar en tu casa.

PARA QUE LO PIENSES:
LA BUENA NUTRICIÓN COMBATE
LA DEPRESIÓN

¿Qué tipo de persona eres?

- Leo todas las etiquetas para asegurarme de que los alimentos que compro no tengan azúcar refinada ni preservativos. Como lentamente y disfruto de la comida. Como verduras y frutas todos los días y bebo mucha agua.
- Llevo una dieta adecuada. Trato de comer saludablemente. Me gustan las papas, las tostaditas de maíz y los dulces, pero no en exceso. Me tengo que forzar a comer frutas y verduras. Muchas veces no bebo suficientes líquidos. También intento comer despacio.
- Como lo que se me antoja y sin pensarlo. Cada vez que tengo ganas, como. Me encanta la sal, el azúcar y el pan. Sé que no bebo suficiente agua. Como verduras congeladas o enlatadas de vez en cuando. Como rápido y muchas veces a la carrera.

La mayoría de nosotros se encuentra en algunas de estas categorías. Isabel le dijo a la doctora Belisa, "Como irregularmente. Voy picando todo el día. Preparo el desayuno, lo que los niños se llevarán para comer a la escuela y luego la cena, pero como durante todo el día. A media mañana tomo un café con leche y pan con manteca, por la tarde, roscas o golosinas cuando estoy en la sala de descanso de los empleados. Me parece que estoy tan ocupada que no tengo tiempo ni para pensar qué comer." Continuó así, "¿Cómo puedo llevar la cuenta de cuántos vasos de agua he bebido o el contenido en las etiquetas cuando tengo que cuidar a los hijos, el esposo y el trabajo?" Éstas son preguntas válidas y la solución está en tus manos.

Como dijimos, el ejercicio es importante, pero eso no es todo: tienes que cambiar los hábitos alimenticios y hacer ejercicio para poder estar físicamente sana. "Es más fácil decirlo

LA COMIDA LATINA PUEDE SER DELICIOSA Y SALUDABLE A LA MISMA VEZ

A pesar de vivir lejos de nuestro país de origen, continuamos cocinando los platillos deliciosos y tradicionales con los que crecimos (aun si tenemos que sustituir algunos ingredientes, como cuando no encontramos queso de mano o guallanos para nuestras arepas preferidas). La comida latina, que indudablemente es rica, la podemos hacer aún más saludable sin que pierda la sazón. En lo posible, fríe los tostones y los maduros en aceite de canola o haz los pasteles con carne magra. Si es un postre como el flan donde no se puede hacer sustituciones, trata de comer sólo una porción pequeña. Si tienes que usar huevos, usa sólo las claras.

CONSEJOS PARA COMER CONSTANTE Y SALUDABLEMENTE

• Come varias veces al día, pero poco. No saltes ninguna de las comidas pero evita picar y comer de más. Lo más importante es el desayuno. Toma cereal bajo en grasa y azúcar, y yogur o leche.

• Si necesitas un bocadillo entre comidas, elige alimentos saludables: fruta, verduras cortadas en trozos pequeños y yogur.

• Trata de reducir la cantidad de refrescos y jugo que bebes. Lo mejor que puedes beber todo el tiempo es agua. ¡El agua no tiene calorías ni azúcar!

• No salgas a comer con demasiada frecuencia. Aléjate de los restaurantes de comida rápida y sin valor nutritivo.

• Anota lo que comes. Si lo escribes en un cuadernillo, te sorprenderá la cantidad de comida que consumes que no es saludable.

• Elimina todas las golosinas y bocadillos grasosos de tu casa. Mejor llénala de alimentos saludables.

• Pasa tiempo con familiares y amigos que hacen ejercicio y tienen hábitos de comer saludables. ¡Anima a tu esposo o hijos a llevar una vida saludable!

que hacerlo," pensarás, pero en verdad es posible. Es probable que ya hayas oído esto y que hayas visto anuncios millones de veces, pero todavía sigues incrédula. ¡Pero es cierto que los cambios en los hábitos para comer y el ejercicio son esenciales! No necesitas pesarte con los Weight Watchers o ir a Jenny Craig; olvídate de las dietas aburridas; simplemente concéntrate en comer saludablemente. No hay necesidad de hacer una dieta baja en calorías o de ponerse restricciones en alimentos o grupos de alimentos, ni tampoco de calcular medidas y sumar puntos. Es muy sencillo: la comida saludable acompañada de ejercicio regular es la manera más eficaz de mantener el peso y la buena salud.

Hábitos de Comer = Mente sana, Cuerpo sano

Los buenos hábitos alimenticios son indispensables, pero si ya te han diagnosticado depresión, o si después de haber leído la sección de este libro acerca de las señales y síntomas, piensas que estás deprimida, la comida saludable te es aún más importante. Éstas son algunas recomendaciones básicas:

• Sigue una dieta que incluya muchas frutas y verduras crudas, con soja y arroz integral. Una dieta demasiado baja en carbohidratos puede causar una reducción de la serotonina y agravar la depresión. Para estar más alerta, come comidas ricas en proteínas que contengan ácidos grasos esenciales, como el salmón y los pescados blancos. Si necesitas levantarte el ánimo, te conviene comer comidas como pavo y salmón, que son ricas en triptofano y proteínas.

- Trata de eliminar el trigo de tu dieta; el gluten de trigo ha sido asociado a los trastornos depresivos.
- Limita el consumo de suplementos que contengan el aminoácido fenilanino y edulcorantes artificiales (Equal, NutraSweet, etc.).
- Evita alimentos saturados de grasa (carnes, comidas fritas) que pueden provocar aletargamiento, fatiga y torpeza mental. Evita todas las formas de azúcares; el incremento de energía que producen es seguido rápidamente por fatiga y depresión. Evita el alcohol, la cafeína y los alimentos procesados.

Probablemente lo más importante que puedes hacer para hallar la forma de ser una latina saludable tanto mental como físicamente es informarte. Infórmate acerca de los alimentos que comes; lee las etiquetas y reduce el consumo de grasa saturada; aprende a distinguir qué es bueno para ti, y por qué.

Así como acabamos de indicar que ciertas comidas o hábitos pueden causar o empeorar los síntomas depresivos, hay otros posibles factores que deben tomarse en cuenta: Los medicamentos con esteroides, los anticonceptivos orales y otros tantos pueden contribuir a la depresión. Además, pídele a tu doctor de cabecera que haga los análisis para determinar si tienes alguna enfermedad de la tiroide o hipoglicemia; ambas pueden producir síntomas de depresión. Parte del proceso educativo consiste en preguntarle a tu doctor acerca de las alergias que podrían ser factores de depresión, o que contribuyan a empeorarla. Algunas de las alergias más comunes son al moho, aditivos en los alimentos (como sulfito, que se usa en muchos alimentos para prevenir el descoloramiento), productos de soja, productos de trigo o lácteos, algunas frutas, granos, frijoles, nueces, semillas, aceites y mariscos.

Los líquidos que bebemos son tan importantes como los alimentos sólidos que introducimos en nuestro cuerpo. Hay tres reglas sencillas: bebe agua, no consumas alcohol y elimina la cafeína. En estudios recientes se halló que muchos estadounidenses están crónicamente deshidratados y ni siquiera lo saben. La deshidratación puede causar la muerte de células cerebrales. Los síntomas de deshidratación incluyen irritabilidad y problemas con la memoria. Recuerda también que la cafeína y el alcohol son diuréticos, esto significa que eliminan agua del cuerpo.

Vitaminas y Suplementos

Si eres como la mayoría de la gente, probablemente tienes algunas vitaminas por ahí en tu casa que tomas de vez en cuando. Pero, ¿cuáles son las vitaminas apropiadas? ¿Cuál es la cantidad razonable? ¿Están ya viejas o pasadas de fecha? ¿Están empacadas correctamente? ¿Las puedes tomar con otros suplementos? ¿Con otras medicinas? Hay mucho despliegue publicitario acerca de algunas vitaminas o minerales y es difícil entender toda la información. Lo imprescindible es recordar que ninguna cantidad de vitaminas o suplementos va a compensar las deficiencias de una dieta pobre y desequilibrada.

Hay grandes diferencias entre una vitamina y otra en cuanto a su pureza y potencia y esto depende de la compañía que las produce. Cerciórate de que tus vitaminas provengan de un fabricante reconocido: revisa las referencias al final de este libro. Si estás tomando algunas vitaminas, minerales, suplementos u otros remedios, informa a tu doctor. Éstos pueden interferir o alterar el efecto de los medicamentos que estés tomando.

Aquí tienes algunas reglas generales que debes considerar si quieres complementar tu dieta con vitaminas:

- Si tienes una dieta balanceada que incluye frutas y verduras que recomendamos, obtendrás la mayoría de los nutrientes y vitaminas que necesitas. Si vas a comprar vitaminas, busca un complejo multivitamínico que no tenga más de 100 por ciento de los valores diarios recomendados para cada nutriente. Hay algunas vitaminas o minerales que pueden ser tóxicos en una dosis excesiva.

- El calcio es un importante mineral necesario para el crecimiento de los huesos y su mantenimiento. Es sumamente importante para las mujeres, especialmente para aquellas que están en la menopausia ya que protege de las fracturas causadas por la osteoporosis. Se encuentra en la leche, el yogur y el queso y en el jugo de naranja enriquecido con calcio.

- El folato, parte del grupo de la vitamina B, es otra vitamina importante y necesaria en tu dieta. Se recomienda mucho que las mujeres en edad fértil ingieran suficiente folato en su dieta o tomen suplementos. El folato previene los defectos de cierre en el tubo neuronal y puede tener efectos protectores para prevenir enfermedades del corazón. Se encuentra comúnmente en las frutas, el jugo de naranja y las verduras de hoja. El ácido fólico (una forma sintética del folato) se usa para enriquecer productos de cereal, las pastas y el pan, que también son una buena fuente de esta vitamina.

- La vitamina C, o ácido ascórbico, se encuentra en abundantes cantidades en frutas y verduras, como cítricos, fresas, chiles, brócoli, espinaca, tomates y hasta en la papa.

- La vitamina E, por otro lado, no es muy fácil de obtener en la dieta. Se encuentra en aceites vegetales, nueces, semillas y germinado de trigo. Se ha demostrado que tiene algunos efectos protectores en contra de las enfermedades del corazón, pero deberías recibir consejo médico antes de tomar la vitamina E para determinar tu riesgo cardiaco.

• La vitamina D es crucial para la salud de tus huesos; ayuda al cuerpo a absorber mejor el calcio. Hay pocos alimentos—hígado, mantequilla, crema, pescado graso y yema de huevo—que contienen cantidades significativas de vitamina D. Nuestras dietas usualmente no incluyen estos alimentos, pero hay otra fuente, la leche que está enriquecida con vitamina D. Los cereales para desayuno enriquecidos y el pescado graso son buenas opciones. Se recomienda tomar suplemento de vitamina D a pesar de que el cuerpo produce vitamina D al exponerse a la luz solar. Es un suplemento útil durante los meses de invierno, especialmente si vives en clima nórdico.

Los estudios han demostrado que estos suplementos son importantes si alguien se encuentra deprimido: L-Tirosina, ácido fólico, zinc, complejo B y colina. Sugerimos que consultes con un dietista o con un nutricionista para incluir estos suplementos en tu dieta a los niveles apropiados.

REDUCCIÓN DEL ESTRÉS

La lista siguiente incluye algunos de los acontecimientos más estresantes que pueden tener impacto en tu mente y cuerpo. ¿Cuáles estás experimentando ahora? ¿Cuáles están experimentando otras personas cercanas a ti?

- Mudanza (a otro estado o apartamento)
- Divorcio (tanto si se ha previsto desde hace tiempo como si es repentino)
- Matrimonio (aun si estás comprometida desde hace tiempo)
- Tener un bebé
- Ascenso en el trabajo
- Enfermedades crónicas (por ejemplo, diabetes o cáncer)
- Cuidar de alguien con una enfermedad crónica (como un pariente que padezca de Alzheimer o un hijo con asma)
- Problemas legales (permiso de trabajo, abogados, citación judicial)
- Jubilación
- Criar hijos sola
- Tener un hijo que requiere cuidados especiales (con problemas de aprendizaje o en silla de ruedas)

Es importante resaltar que el estrés y la ansiedad son factores que afectan la depresión. Cuando sientes estrés, tu cuerpo te está avisando que pasa algo. El estrés también puede ser una respuesta a algo positivo: ascenso en el trabajo, casarse o comprar un automóvil nuevo. Por otra parte, el estrés puede desarrollarse y establecerse debido a situaciones negativas o serias en el hogar, el trabajo o la escuela. Cuanto más tiempo te veas afectada por el estrés, tanto más menoscabará tu energía y tu fuerza, dañando tu salud mental y física. Los estudios demuestran que vivir con estrés crónico afecta el sistema inmunológico, la memoria, la glándula suprarrenal y la producción de insulina.

Cuando me enteré de que mis síntomas tenían un nombre, de que tenía trastorno disfórico premenstrual, fue un gran alivio porque me permitió estar atenta y cuidarme durante las dos semanas antes de la menstruación. Me aseguraba de que nada contaminara mi cuerpo y de hacer ejercicio; mi vida dio un gran cambio. Cuando me ascendieron en el trabajo, el estrés fue increíble. Aunque disfrutaba del prestigio del nuevo puesto y del salario, el estrés estaba causando estragos en mi sistema, agregado al trastorno disfórico premenstrual. Tenía miedo y tuve que aprender a controlar el estrés a mi alrededor y en mí misma.

—Vanessa, 29 años, casada, periodista argentina-
americana que reside en Fort Lauderdale

Un forma importante de mantenerte sana es comprender el estrés y las señales de advertencia que te da tu cuerpo en una situación estresante. La mayoría de las personas tiene dificultad en reconocer cómo su cuerpo reacciona al estrés; están más conscientes del clima, las cuentas que hay que pagar y las citas de los hijos con el doctor. Tu cuerpo responderá al estrés antes de que éste se manifieste como un nudo en el estómago, alteración de la frecuencia cardiaca o falta de aliento. Te sugerimos que hagas una lista de todo lo que te hace sentir estresada, luego anota lo que puedes hacer para resolver cada punto y lo que no puedes remediar, y parte de ahí. Aquí tienes la lista de Vanessa:

1. "Cuando llevo el auto a reparar al taller: ya sé que suena tonto, pero el año pasado mi esposo y yo compramos un auto que nos dio problemas desde el primer día. Cada vez que lo tengo que llevar a arreglar, me estreso pensando por qué lo compramos y lo que costará su reparación."

2. "Cuando llego tarde al trabajo o a citas: Aunque llevo sólo cinco minutos de retraso, detesto llegar tarde. La gente pensará que soy irresponsable. Aun cuando ya voy en camino, me dan ganas de ponerme a gritar."

3. "Cuando tengo que pasar demasiado tiempo con la familia de mi esposo. Puedo hacerme cargo de la

cena y hasta de si alguien se queda a pasar la noche, pero si es un fin de semana completo o vacaciones me estresa completamente."

Cuando tengas que enfrentarte a sucesos estresantes como los descritos, recuerda estas importantes recomendaciones: (1) Nota cómo el estrés te afecta a ti y a tu cuerpo. (2) Determina los estresores y mantén la perspectiva (¿Cuál es la peor si-

TOMA LA PRUEBA ESTRESOMÉTRICA

Contesta *sí* o *no* a esta rápida prueba para enterarte de tu nivel de estrés:

1. Duermo mal y siempre me siento cansada.
2. Soy irascible e impaciente con los demás.
3. A veces me doy cuenta de que hace horas que no tomo un respiro profundo, voy al baño o me estiro.
4. Me dan jaquecas y dolores de espalda y me he vuelto olvidadiza más de la cuenta.
5. Últimamente como a la carrera y hecho mano de las golosinas.
6. Siento complejo de culpa por no cuidarme.
7. Me siento nerviosa y ansiosa constantemente.
8. Me encuentro al borde de gritar o llorar.
9. Las pesadillas o sueños recurrentes me despiertan de noche. *(continúa)*

10. Cada día parece mas frenético que el día anterior.
Temo que vaya a fracasar.

EL MARCADOR: He aquí tu nivel de estrés, determinado de acuerdo a cuántas veces respondiste *sí* a las preguntas anteriores.

- *Sí* a una o dos preguntas: Tu estrés parece pasajero y específico en ciertas situaciones. Respira profundo y busca la solución al problema.

- *Sí* a tres o más preguntas: Algo pasa que merece tu atención. Si el estrés te está afectando la vida diaria, dominar la situación es lo que más importa.

- *Sí* a cuatro o más preguntas: Es hora de apretar los frenos y buscar ayuda profesional antes de que los problemas relacionados con el estrés se apoderen de tu vida.

tuación? ¿Cuál es el panorama general?); toma un cuadernillo, hazte esas preguntas y considera tus respuestas. (3) Delega y comunica necesidades y frustraciones a los que te rodean. (4) Sé realista acerca de las tareas y los objetivos. (5) Lo más importante de todo, cuídate primero. No dejes que el estrés se apodere de tu cuerpo y de tu alma.

También recomendamos que te reúnas con tus amigos, tu familia o compañeros de trabajo y armen una sesión para discutir temas que son estresantes para encontrar soluciones que eliminen o reduzcan el estrés. Si eres propensa a la depresión, el estrés y la ansiedad pueden provocar o empeorar la depresión. Es posible que lo más importante para reducir el estrés en tu vida, sea recordar el tema de control: cuando aceptas lo que no puedes dominar, puedes aprender técnicas para aprender a relajarte, como la meditación y ejercicios de respiración, visualización, medicamentos, reconocimiento corporal y PMR (por sus siglas en inglés) que explicaremos en el siguiente capítulo.

Cuidándote, Cuidándole, Cuidándome: El Estrés de Cuidar a Alguien

Las latinas tradicionalmente sufren de más estrés porque cuidan de miembros de su familia. Solemos cuidar a nuestros padres ancianos en casa; asumimos rápidamente la responsabilidad de cuidar a los miembros de la familia—muchas veces completamente—y, a veces, hasta el grado de sentirnos confundidas y exhaustas. Ya se ha comentado que perdura la tradición latina de que las mujeres asumen los cuidados, y muchas veces lo hacen sin pensar en cuanto las afectará física y mentalmente. En particular, hay estresores relacionados con el cuidado de los padres ancianos o de algún ser querido con enfermedad crónica o con depresión.

La doctora Camille Rey escribió en un artículo para el sitio de Internet alsofa.org:

Para nosotros los latinos, la familia es lo más importante en nuestra vida. La familia es lo primero. Ya sea que se trate de familiares o personas reunidas en momentos de crisis o que vivan a la vuelta de la esquina o que estén dispersos en toda América, nuestro corazón, oraciones y pensamientos siempre están con los que amamos. En una era de "valores familiares," a los latinos no se les da el crédito que merecen por la forma tan profunda de estimar los lazos familiares. Por ejemplo, las estadísticas gubernamentales demuestran que nuestros ancianos tienen más probabilidades de vivir con su familia que los anglos o los afroamericanos. Estos lazos son nuestra fuerza, no una debilidad.

No es una tarea sencilla encontrar un equilibrio en los valores familiares tradicionales en una cultura moderna. La doctora Rey agrega:

Constituye un gran desafío para los latinos que viven en los Estados Unidos el cuidar de nuestros padres y otros familiares en una sociedad que no nos da tiempo o recursos para mantener una familia extendida. La incertidumbre emocional y económica hace que las latinas sean más propensas a enfermedades físicas y mentales. El estrés puede dañar también la relación que tenemos con nuestros padres ancianos y hermanos, cónyuges e hijos. Ya sea que actualmente estés cuidando a uno de tus padres o que lo vayas a hacer en el futuro, debes recordar que no estás sola. Cerca de 22 millones de trabajadores en este país están también cuidando de algún familiar anciano o amigo. El Departamento de Salud y Servicios Humanos de Estados Unidos calcula que el número de latinos ancianos se triplicará en los próximos cincuenta años.

La información del censo muestra que casi todos nosotros cuidamos en algún momento a alguno de nuestros parientes ancianos, ya sea una abuela, una tía, el suegro o un sobrino. Gabriela, quien cuida de su madre anciana nos dijo, "Era muy importante compartir con mis hermanos la responsabilidad de cuidar a mami, además de saber exactamente lo que había que hacerse. Si tenía un día pesado porque la tenía que llevar a citas y mis hijos querían pizza para la hora de la comida o la cena, supongamos, no iba a matarme y hacer la comida en casa después de haber pasado tres horas en dos citas y todo el día con mamá." Gabriela expresó esta inquietud en terapia e ideó un plan para cuidar de su madre en días alternados. "El hecho de que ella había cuidado de nosotros, nos obligaba a compartir a todos la responsabilidad de cuidarla. A mi hermana no le gustaba perder su clase de danza, pero tuvo que arreglárselas."

Las investigaciones demuestran que cuidar a alguien con una enfermedad crónica como cáncer o diabetes afecta terriblemente al cuidador. La mamá de Gabriela tenía dos enfermedades crónicas que requerían cuidado constante: diabetes y presión alta. Las estadísticas demuestran que los latinos sufren de más enfermedades graves (como enfermedades cardiovasculares) que otros grupos étnicos. Entre los hispanos que viven en Estados Unidos, la diabetes es particularmente común entre adultos y ancianos.

Si estás leyendo este libro para informarte acerca de la depresión de tu hermana, madre o mejor amiga, recuerda que cuidar de alguien con depresión puede ser muy estresante. Los estudios demuestran que los cuidadores corren un alto riesgo de caer también en una depresión, especialmente las esposas.

Tuve poco menos que arrastrar a mi esposo para que fuera a ver a nuestro médico de cabecera. Era muy terco y demasiado orgulloso para aceptar que tenía un problema. Después de perder su trabajo a causa de un accidente, empezó a beber demasiado y se enojaba rápidamente. Pensaba que no podía confiar en nadie, por orgulloso y porque sentía que tenía que representar a todos los puertorriqueños. Le avergonzaba reconocer que tenía un problema y que se sentía deprimido. Siempre había sido el macho criollo que tenía todo bajo control. La pérdida de su trabajo y la imposibilidad de mantener a su familia, constituía una carga intolerable para él. Supongo que se sentía inútil e incompleto como hombre. Después del accidente a veces se sentaba y lloraba sin razón y en seguida decía que no era nada. Cuando finalmente fue a ver al doctor Jorge, empezó a sentirse mejor. Se podía iden-

tificar con él y hablar acerca de sus problemas de hombre a hombre. Ahora toma medicamentos para su depresión y se encuentra mucho mejor.

—Esmeralda, 48 años, casada, puertorriqueña, segunda
generación estadounidense, vendedora en Manhattan,
Nueva York

Aunque Esmeralda fue capaz de "arrastrar" a su esposo a ver a un profesional de la salud mental, los periodos de depresión en el curso de un año habían deteriorado su estado de ánimo y su relación. Gabriela dijo algo así, "Puedo sentir la tristeza de mamá por la muerte de papá. Aunque trato de levantarle el ánimo, a veces no puedo hacer nada y yo también me hundo."

Lo primordial es reconocer que por ser latina vas a tener más factores de estrés, familiares, económicos y sociales que personas de otros grupos étnicos. Como latina moderna, debes aprender a fijar límites, aun si estos no se ajustan a las expectativas y tradiciones. Conoce tu cuerpo y cuídate para que el estrés no te lleve a acabar sumida en una depresión. Si estás cuidando de alguien, estas reglas básicas te ayudarán a combatir el estrés ocasionado por la situación:

- *Organízate.* Te ahorrarás mucho tiempo y sufrimientos si tienes todos tus documentos legales en orden y si escribes los nombres y números de teléfonos importantes, manteniéndolos donde los puedas encontrar fácilmente. Empieza a preparar archivos sobre tus padres y servicios de atención a los ancianos en tu comunidad. Ten un calendario a mano donde apuntes las citas con el doctor, cuándo tus padres tienen que tomar medicamentos y otra información que un proveedor de servicios médicos pudiese necesitar.

• *Establece prioridades.* Decide cuáles necesidades son las más importantes y dedícate a ellas. Haz una lista y, comenzando por la primera anotación, sigue sistemáticamente, cumpliendo una por una. No te sientas culpable por dejar ciertas cosas para lo último. Comprarte unos anteojos nuevos, por ejemplo; es más importante que encontrar un nuevo lugar donde tu abuela pueda jugar a la lotería.

• *Investiga.* El Internet y las páginas amarillas de la guía telefónica son lugares ideales para comenzar a buscar información. Pregúntale a tu jefe acerca de las reglas para ausentarse del trabajo, tiempo flexible y opciones de horarios de trabajo. Habla con tus amigos y compañeros de trabajo acerca de cómo resuelven ellos problemas similares.

• *Delega.* No puedes hacerlo todo; nadie espera que lo hagas. Así que si has identificado que tienes una cantidad abrumadora de obligaciones, pídele a otros miembros de la familia que te ayuden a buscar opciones y tomar decisiones.

- *Comunícate.* Una vez que hayas descubierto cuáles son las necesidades de tu familia y hayas investigado las opciones, no sabotees tu arduo trabajo. Comunícate con tu familia a tiempo, a menudo y enforma efectiva.

- *Sé sensible.* Para tus padres será difícil perder su independencia; por eso es necesario que hables con ellos acerca de la importancia de que colaboren contigos por su propio bien. Sugiéreles las reglas fundamentales y pídeles que te den su opinión acerca de lo que creen que es justo.

- *Observa la situación.* "Las reuniones familiares que establecimos funcionaron muy bien," nos dijo Gabriela. De vez en cuando, ella reunía a los directamente involucrados en el cuidado de su madre para evaluar la situación, comentar cómo le iba a cada uno y conversar acerca de nuevas necesidades que fueron surgiendo y los problemas que se debían enfrentar. Es importante llamar a los que no puedan estar ahí para darles las últimas noticias y pedirles su aporte. Es importante involucrar a los cónyuges y a los hijos a la hora de tomar decisiones y hasta para investigar opciones. Habla con tu esposo y con tus hijos porque estos cambios también los afectarán a ellos. Sé específica al pedirles ayuda y reconoce sus sentimientos hacia los cambios que ocasiona la responsabilidad de cuidar a alguien. Te sorprenderá su perspicacia y los abrazos cariñosos que te darán como muestra de apoyo.

- *No aceptes excusas.* No dejes que tus padres u otros miembros de la familia te den excusas para no ayudar o efectuar cambios. Sugiere maneras de ayudar. Dale a tus padres una lista de opciones razonables, pero sé firme en que deben ser consecuentes con lo que decidan.

- *Evita las discusiones.* Cuando se trate de hablar sobre el tema de los cuidados, no te apartes de los hechos. Ése no es el momento de sacar a relucir las heridas del pasado o resolver conflictos familiares. Anímalos a que sean específicos y a que den sugerencias en vez de opiniones generales.

- *Incluye a personas que no son de la familia.* Conversa con aquellos que ven a tus padres con regularidad, como el peluquero, la esteticista, el portero del edificio donde viven, el tendero. Dales tu nombre y número de teléfono y pídeles que te llamen si notan que algo anda mal. Pídeles a tus amigos y vecinos que los visiten, les lleven los comestibles o les ayuden con el jardín si tus padres viven solos. Busca a otros en la misma situación y comparte el transporte y el cuidado de los hijos.

• *Date un descanso.* Mientras cuidas a alguien, es posible que tengas dificultad para cumplir con tus ocupaciones diarias. Si tu presupuesto lo permite, contrata a alguien que te ayude a limpiar la casa una vez por semana o una vez al mes o antes de la fiesta de cumpleaños de tu hijo. Deja la ropa en la lavandería de vez en cuando. Págale al hijo del vecino unos dólares para que recoja las hojas del patio. Cambia una noche de cuidar a los niños por una noche a solas con tu esposo.

• *Únete a un grupo de apoyo para proveedores de cuidado.* Conversa con otros acerca de tu situación; ellos podrían ser más útiles de lo que te imaginas. Descubrirás que no estás sola y que puedes aprender a anticipar los problemas y a solucionarlos antes de que se conviertan en crisis.

Recuerda que cuidar a otros requiere de mucho tiempo, energía y, a veces, dinero. Así que el potencial de estrés y el riesgo de enfermedades mentales o físicas está siempre presente. Cuando un cuidador muestra señales de agotamiento, esto es un gran problema y hay que tomarlo en cuenta. Así como no puedes aceptar excusas de otros, no las aceptes tampoco de ti misma. Sin cesar, les recordamos a nuestros pacientes que deben protegerse.

¿Somati . . . Qué?

El estrés psicológico afecta la manera en que respondemos a las enfermedades en general. Se ha demostrado una y otra vez que las preocupaciones psicológicas y el estrés crónico tienden a empeorar problemas subyacentes de salud. Esto es lo que se denomina enfermedad psicosomática: la combinación de lo físico y lo psicológico. ¿Cuántas veces te has sentido ansiosa o nauseabunda en un nuevo ambiente o has tenido dolores de cabeza o sentido que se te acelera el corazón (taquicardia) después de un evento estresante? El cuerpo reacciona al estrés con síntomas psicológicos. De manera similar, las enfermedades físicas pueden reaccionar al estrés impidiendo una mejoría y hasta agravándola. Por ejemplo, los mareos de María no se relacionaban con la tensión alta o problemas en el oído medio, eran síntomas que, una vez que se suprimió la depresión, desaparecieron.

Se ha encontrado que los latinos somatizan más que los americanos o los afroamericanos. Sentimos la depresión como un dolor físico en el cuerpo. Esto, desafortunadamente, lleva a diagnósticos erróneos y a la falta de tratamiento de la depresión. A Jenny, la gerente de una oficina en Nueva York que tenía una forma de depresión leve llamada distimia, le dolía la espalda y ningún quiropráctico lo remediaba. "Siempre me sentía adolorida y cansada; después del tratamiento para la depresión, me di cuenta de lo estupendo que era no sentirme así," dijo Jenny.

Todos estamos familiarizados con lo que se describe frecuentemente como personalidades tipo A; son las que están más propensas a los ataques cardiacos. Son desencadenadas por los estados emocionales de la persona y la ansiedad puede desencadenar el asma, las alergias y las úlceras. El dolor en la parte baja de la espalda, la causa principal de ausentismo en el trabajo, afecta a más de 15 millones de estadounidenses. Varios estudios indican que hay un componente psicológico en el dolor: muchos pacientes nos informan que su anomalía empezó aproximadamente en un momento en que tuvieron estrés intenso o trauma. El dolor y cómo la gente reacciona a él se ve también afectado por el estrés y el bienestar emocional.

¿Te acuerdas de Carmen, de quien hablamos en la sección sobre la violencia doméstica? Tenía dolores de cabeza insoportables a causa del sufrimiento que le causaba su relación, "No había más medicamentos pra tratar mi dolor, ya nada funcionaba." También se quejaba de síntomas de depresión y buscó tratamiento. Cuando su depresión desapareció, los dolores de cabeza fueron menos intensos y frecuentes. Los dolores de cabeza son uno de los problemas más comunes que deben enfrentar los doctores. Más del 80 por ciento de la población puede tener dolor de cabeza en un momento dado, y entre 10 y 20 por ciento buscará ayuda profesional. Aunque es difícil identificar la causa médica del dolor de cabeza, sí sabemos que el estrés puede activarlo o empeorarlo.

El estrés puede impedir la curación de una enfermedad o agravarla. De manera similar, los latinos sentimos la depresión como un dolor físico. Cualquiera de las afecciones que figuran en la lista y que no responde a tratamientos convencionales podría estar relacionada con problemas de salud mental. Te alentamos a que consultes a tu doctor para buscar una posible conexión entre el estrés y la depresión.

¿PADECES DE ALGUNA DE ESTAS AFECCIONES?

Éstas son algunas de las afecciones que se relacionan con el estrés.

Reacciones alérgicas	Herpes
Acné	Diarrea e irritación
Dolor de pecho	intestinal
Asma	Náusea
Dolor crónico	Obesidad
Úlceras	Dolores menstruales
Hipertensión	Artritis
Dolores de cabeza y	Psoriasis
migrañas	

MEDICAMENTOS CONTRA LA DEPRESIÓN

Remedios de Plantas Medicinales

Mucha gente que sufre de depresión prefiere acudir a plantas medicinales antes que a medicamentos tradicionales y la cifra aumenta: una encuesta en 1998 estimó que entre 40 y 50 por ciento de la población estadounidense usaba algún remedio a base de plantas.

Los estudios demuestran que la efedra, el jengibre, el gingko biloba y la hierba de San Juan son plantas eficaces en el tratamiento de casos de depresión leve a moderada. Si tomas un suplemento de hierbas, selecciona uno bueno, fabricado por alguna empresa de renombre. Investiga las últimas novedades y échale un vistazo a nuestras referencias al final del libro y a la lista de compañías reconocidas.

En 1998, se gastaron en medicinas alternativas 27 billones de dólares en los Estados Unidos, de los cuales 150 millones se gastaron tan solo en la hierba de San Juan. Las plantas para tratar el insomnio, como la valeriana, la amapola, la pasiflora y el lúpulo son de uso muy difundido. El kava es otra planta que se ha usado para tratar la ansiedad. Muchos pacientes hispanos toman remedios de plantas medicinales u otros no tradicionales que han demostrado poseer propiedades farmacológicas. Advertimos que se debe tener cuidado al utilizarlas porque estas substancias afectan la manera en que los otros medicamentos se metabolizan y producen ciertos efectos en el cuerpo. La *Datura candida* (conocida por el nombre común de floripondio) de uso muy difundido, tiene gran cantidad de atropina, que puede causar toxicidad y estado de confusión cuando se mezcla con otros medicamentos. El azarcón, un remedio herbario de alto contenido de plomo, se usa con frecuencia para curar el empacho, ha sido asociado con muchos casos de muerte infantil en los Estados Unidos. Recientemente se ha descubierto que el kava tiene efectos nocivos en el hígado; el derivado de la *Packera candidissima,* una planta medicinal mexicana, es conocido por ser perjudicial para el hígado, afectando su manera de procesar otros medicamentos.

Como muchos de los efectos secundarios pueden causar complicaciones, es importante ingerir plantas medicinales con sumo cuidado; sin embargo, hay que reconocer que ciertos remedios de plantas medicinales pueden ser eficaces. Por ejemplo, se ha demostrado que los siete azahares, que se usa mucho para tratar la ansiedad y la depresión, puede surtir similar efecto en los sistemas receptores del cerebro que los ansiolíticos.

La hierba de San Juan (la floración amarilla del arbusto de nombre *Hypericum perforatum*) se está usando cada vez más en Estados Unidos y es especialmente popular en Alemania. Se vende en extracto, polvo, té, tinturas y como ingrediente en licuados y suplementos nutritivos. La Administración de Alimentos y Medicamentos de Estados Unidos la considera un suplemento alimenticio y no regula su fabricación o composición. En ciertas pruebas hechas en Alemania, se ha comprobado que tiene resultados positivos en casos de depresión leve o moderada. Así no sean estudios rigurosos y no se hayan hecho estudios comparables en este país, se considera que la hierba es eficaz en aliviar la depresión y la ansiedad leve. Sin embargo, debes estar alerta porque todavía no se sabe mucho acerca de sus propiedades: cómo funciona, en qué dosis es eficaz o ni siquiera el componente de la hierba de San Juan que es el ingrediente activo. Se han documentado efectos secundarios, como dolor de estómago o sensibilidad a la luz solar. Actualmente se están llevando a cabo muchos estudios en Estados Unidos para comparar la hierba de San Juan con otros antidepresivos. Entre tanto, esta substancia se debe emplear con cautela, especialmente si estás tomando otro medicamento. Por ejemplo, hay indicios de que la hierba de San Juan disminuye la eficacia de los anticonceptivos orales y de los medicamentos para el corazón y contra el VIH. La hierba se vende en formas poco controladas, así que la calidad, cantidad o combinación de substancias puede ser muy diferente, pues depende del producto. Hasta que no terpamos pruebos más fehacientes el uso de este producto, especialmente si estás tomando otros medicamentos, debe usarse con mucha cautela.

Los Medicamentos Antidepresivos

A pesar de la terapia que hizo Isabel con la doctora Belisa (exploración de sí misma y de sus traumas, comprensión de las señales y de cómo las tradiciones habían influido en su vida, el ejercicio y los patrones en el sueño), ella seguía padeciendo de periodos de depresión que afectaban su funcionamiento diario. Isabel no podía salir de su depresión. Se sentía mejor algunos días, pero en otras ocasiones le decía a la doctora Belisa, "Me siento como si hubiese una nube negra sobre mi cabeza." Como mucha gente—especialmente las latinas sujetas a los tabúes o al estigma de usar medicamentos—Isabel se negaba al principio a considerar los medicamentos, pero se dio cuenta de que necesitaba mejorar después del largo periodo de depresión. La doctora Belisa envió a Isabel a someterse a una rigurosa evaluación médica hecha por el doctor Jorge, después de la cual examinaron una opción importante para tratar su depresión: medicamentos antidepresivos.

Sabemos, por experiencia profesional, y por los años de estudio e investigación, que hay muchas personas como Isabel que sufren de depresión con regularidad. Muchas veces, las sesiones de terapia ayudan y la depresión mejora; sin embargo, a veces no da resultado. Entonces se recurre a los medicamentos, que han sido muy estudiados y que son muy eficaces para combatir la depresión. Los medicamentos obran al igual que los remedios de plantas medicinales, pero están hechos sintéticamente y con rigor científico que permite determinar la dosis y sus efectos. Recetada en la dosis correcta, los resultados son espectaculares: se calcula que hasta el 80 por ciento de las personas con depresión responden a medicamentos y a tratamientos psicológicos, por aparte o en combinación. Aproximadamente el 50 por ciento de las personas con depresión clínica mejoran con una sola prueba del medicamento, lo que significa tomar el medicamento antidepresivo por lo menos durante seis semanas. Del 50 por ciento restante, la mayoría muestra alguna mejora o responde a otro tipo de medicamento antidepresivo. Para aquellas personas que no se recuperan en la prueba antidepresiva inicial, se puede intentar una combinación de tratamientos antidepresivos o un cambio en el tipo de medicamentos.

¿Cómo Actúan esos Medicamentos?

En las últimas décadas, ha habido avances significativos en la comprensión del cerebro, su estructura y sus componentes básicos, especialmente las neuronas y los neurotransmisores. Las neuronas son las células especializadas que se transmiten información entre ellas. Los neurotransmisores son las substancias que son liberadas por las neuronas y sirven de mensajeros entre las neuronas para transmitir información. Las neuronas y las millones de conexiones con otras neuronas son responsables de cada una de nuestras acciones, pensamientos, sueños y estados de ánimo: en esencia, de nosotros. Nos permiten escuchar boleros, manejar un auto, estar enamorados y hasta deprimirnos. Una vez emitidas por las neuronas, los neurotransmisores se sujetan a la superficie de otra neurona y luego inducen, a través de una serie compleja de cambios, el efecto deseado: movimiento, pensamiento y emoción, entre otros.

Los cambios en ciertas áreas del cerebro y en ciertos neuro-transmisores causan enfermedades particulares, incluyendo la depresión. La opinión más reciente y ampliamente difundida es que la serotonina y la norepinefrina son dos tipos de neuro-transmisores que juegan un papel importante en lo que llama-mos la depresión.

Como no hay pruebas o herramientas para detectar cuándo o si un medicamento será útil, ni se puede predecir qué individuos con depresión responderán a qué medica-mento, es común intentar hallar la solución probando dife-rentes opciones hasta que se encuentra el medicamento apropiado. Como hemos visto, la depresión es una enferme-dad de todo el cuerpo; afecta la mayoría de las áreas de la vida de una persona y su funcionamiento. Los medicamentos anti-depresivos tardan de dos a cuatro semanas en alcanzar su efica-cia completa, con lo cual hay un periodo entre el inicio de la utilización del medicamento y cualquier resultado positivo que se produzca. Después de dos o tres semanas de tomar una dosis estable, se puede esperar comenzar a sentir los efectos y uno empieza a sentirse mejor. Si no es ése el caso, entonces es necesario cambiar la dosis o el medicamento.

Los medicamentos antidepresivos en general han demos-trado ser eficaces y seguros, aunque también tienen efectos se-cundarios temporales, como la pérdida de la libido y falta de sueño. *¡Es importante tener presente que la mayoría de los efectos secundarios desaparecerán!* Los doctores nunca pueden saber quién responderá a qué medicamento, pero la mayoría de las

personas con depresión clínica responden al primer tratamiento. Como dijimos anteriormente, es necesario tener una
prueba adecuada del medicamento en la dosis y la duración de
tiempo apropiadas antes de decidirse por otro medicamento.
Lo peor que se puede hacer con un tratamiento es no comple-
tarlo. Si un segundo tipo de medicamento falla, se pueden intentar diferentes combinaciones de medicamentos, lo que
suele dar buenos resultados.

La depresión con síntomas asociados, como la ansiedad, el
insomnio o la psicosis, requerirá medicamentos adicionales.
Se pueden emplear en combinación y es muy común tratar varias veces hasta encontrar el que mejor funcione para las necesidades del paciente. En otras palabras—y a pesar del alto
índice de éxito de estos tratamientos—no hay un medicamento perfecto. Durante esta fase de tratamiento, los individuos con depresión deben darle tiempo al doctor hasta que se
determine el medicamento o la combinación de medicamentos apropiada. No es fácil someterse a este proceso pues exige
mucho esfuerzo por parte de la persona deprimida, pero una
vez que el medicamento empieza a surtir efecto, el alivio es
enorme y liberador. Como lo explicó Isabel:

> Cuando el doctor Petit me recomendó tomar algunos
> medicamentos, tenía miedo. Me lo explicó todo, pero
> tú sabes, yo sentía que tenía que reconocer, para mí y
> los demás, que estaba loca. Sólo una persona loca toma
> medicamentos. El doctor Petit me lo explicó todo una

y otra vez hasta que me sentí más tranquila. Hizo un pacto conmigo. Me pidió que los tomara todos los días durante un mes, eso era todo, sólo durante un mes. Le prometí que los tomaría regularmente y que volvería a verlo al cabo de un mes. En nuestra siguiente cita, ya me sentía mucho mejor hacía algunos días, aunque al principio tuve malestares estomacales y dolores de cabeza. Mantuve mi promesa y estoy contenta de haberlo hecho. Me siento mucho mejor . . . mucho, mucho mejor.

Tipos de Medicamentos Antidepresivos

Los medicamentos antidepresivos pueden dividirse en varias clases: los dos más recientes y populares son el SSRI y el SSNRI. Los inhibidores selectivos de la reabsorción de serotonina (SSRI, por sus siglas en inglés) son la primera clase de medicamentos psiquiátricos cuyo diseño está basado en estudios sobre la comprensión del cerebro y el funcionamiento de

INHIBIDORES SELECTIVOS DE LA REABSORCIÓN DE SEROTONINA

Prozac (flouxetina)	Luvox (fluvoxamina)
Zoloft (sertralina)	Celexa (citalopram)
Paxil (paroxetina)	

sus neurotransmisores. En esta clase se incluyen los medicamentos Prozac, Zoloft, Paxil, Luvox y Celexa. Estos medicamentos, los antidepresivos más ampliamente recetados hoy en día, fueron desarrollados para actuar sobre la habilidad de las neuronas para mantener la serotonina flotando a su alrededor y cumplir su función. Como fueron diseñados tan específicamente, producen muy pocos efectos secundarios y así aventajan a los antidepresivos que se usaban en el pasado.

Se necesitan varias semanas de tratamiento para que los inhibidores selectivos de la reabsorción de serotonina empiecen a surtir efecto. Existe la posibilidad de que se presenten efectos secundarios que podrían obligar al paciente a abandonar el tratamiento, pero son menos serios y más tolerables que los que se presentan con otros medicamentos. Éstos incluyen ansiedad inicial o nerviosismo, insomnio o somnolencia, dolores de cabeza, dolores de estómago o náusea; éstos desaparecen al cabo de las primeras semanas del tratamiento. Uno de los efectos secundarios más serios es la complicación sexual, tanto en hombres como en mujeres, que afecta los cuatro ciclos de la respuesta sexual (deseo, excitación, orgasmo y resolución). Existe también la posibilidad de desarrollar el "síndrome de abandono del tratamiento" si la persona cesa de tomar repentinamente uno de los inhibidores selectivos de la reabsorción de serotonina o si no toma algunas de las dosis. Este síndrome se asemeja a la gripe, ansiedad, nerviosismo, extraña sensación eléctrica en el cuerpo y malestar general. Afortunadamente se resuelve por sí solo en pocos días.

Los inhibidores selectivos de la reabsorción de serotonina y norepinefrina, SSNRI, son similares a los SSRI, pero obran efecto en dos neurotransmisores: la serotonina y la norepinefrina. El antidepresivo Effexor tiene propiedades semejantes a los inhibidores selectivos de serotonina, pero en dosis más altas actúa en un sistema diferente de neurotransmisores en el cerebro (norepinefrina). Tiene pocas interacciones, por lo que tiene menos efectos secundarios que son minimizados aún más por las características propias de su uso. Algunos pacientes experimentan ansiedad, mareos, constipación y sudores. El medicamento Wellbutrin es eficaz en el tratamiento de la depresión y es el único que tiene un efecto estimulante. Bajo otro nombre comercial, Zyban, se usa como tratamiento auxiliar para dejar de fumar.

Mi psiquiatra me recetó un antidepresivo que desafortunadamente afectó mi energía sexual. Antes, aun con la depresión me excitaba con mi esposo y hacíamos el amor. Al empezar a tomar el medicamento, me empecé a sentir menos deprimida, pero noté que mi energía sexual disminuyó mucho, era casi nula; no tenía ganas de tener relaciones sexuales. Al principio, pensé que era parte de la depresión. Luego me acordé de que el psiquiatra me había dicho que uno de los posibles efectos secundarios del medicamento era un cambio en la energía sexual de la persona. Hablé con el psiquiatra y me recomendó que cambiáramos ya que estaba pasándola mal en casa con mi esposo debido a la falta de sexo. Una vez que empecé con el nuevo medicamento, noté la diferen-

cia inmediatamente. También me empecé a sentir mejor y a disfrutar otra vez de mi vida sexual con mi esposo.

—Juana, 36, mexicana–americana, primera generación
estadounidense, casada, ama de casa en San Antonio,
Texas

Los Medicamentos Antidepresivos y las Latinas

Algunas de las tantas preguntas que hacen las pacientes que empiezan un medicamento son: ¿Cómo funciona el medicamento en las latinas? ¿Hay diferencias? La respuesta es afirmativa.

Todas las personas responden de manera diferente a los medicamentos y esto depende de los factores genéticos y del medio ambiente, el estilo de vida, variables sociales y demográficas y, tal vez, la cultura y el origen étnico. Algunas investigaciones recientes han examinado las diferentes reacciones a medicamentos de miembros de diferentes grupos étnicos y culturales.

Un importante estudio llevado a cabo en la Ciudad de Nueva York en la década de 1980 encontró que, comparados con los pacientes americanos, los pacientes hispanos necesitaban menos antidepresivos para lograr el efecto deseado. Se han realizado algunos estudios importantes acerca de los hispanos y su respuesta a los medicamentos, pero son deficientes y no muy específicos. Suelen agrupar a todos los latinos bajo el mismo epígrafe y por consiguiente ha concluido que existe

INHIBIDORES SELECTIVOS DE REABSORCIÓN DE SEROTONINA Y NOREPINEFRINA

Wellbutryn, Zyban (bupropion)

Remeron (mitrazapina)

Serzone (nefadozona)

Luvox (venlaflaxina)

una respuesta "hispana" a los medicamentos. Históricamente, la mezcla de razas y el material genético ha hecho que los latinos sean muy diferentes de los otros grupos étnicos en Estados Unidos. Este fenómeno único, pero todavía poco estudiado, hace que la respuesta de los hispanos a los medicamentos sea diferente a la respuesta de los afroamericanos o de los americanos a medicamentos similares.

Como latina, debes ser consciente de esto ya que puede determinar algunos aspectos del tratamiento:

• Como los hispanos son mas propensos a ciertas enfermedades—diabetes, hipertensión, SIDA en las mujeres, tuberculosis—los profesionales de la salud mental deben asegurarse de que cualquier medicamento que recetan no interfiera con otros medicamentos. Es importante que tu doctor esté al tanto de esto. Infórmate.

• Se sabe que mucha gente usa plantas, tés y remedios medicinales y busca tratamiento y consejo de los curanderos. A pesar de su alto nivel de aculturación, las latinas usan tés medicinales como el de valeriana, el de siete azahares o el de tilo. Los medicamentos y remedios holísticos que se pueden comprar sin receta médica cuentan con muchos consumidores en los Estados Unidos, especialmente entre los hispanos. Elige plantas o hierbas de compañías conocidas e informa a tu doctor sobre lo que estás tomando.

• Se ha reconocido que la dieta y su composición puede afectar la manera en que el medicamento es procesado y cómo ejerce sus efectos en el cuerpo. Por ejemplo, una dieta basada en maíz—como la dieta de muchos de nosotros, los latinos—en cierta forma se considera protectora, ya que puede reducir la producción de desperdicios tóxicos en el cuerpo. Un ejemplo perfecto son los informes recientes que examinaban el efecto del jugo de toronja y su interacción con ciertos medicamentos y cómo afectan su grado de eficacia. ¡Mantente al tanto de las noticias sobre la salud!

Es preciso que te enteres bien de los medicamentos y las plantas medicinales y que informes a tu doctor sobre todo lo que estás tomando. Como los antidepresivos no son adictivos, no puedes "engancharte" o desarrollar tolerancia. Lo peor que puede pasar al tomar antidepresivos es que no pase nada, así estés siguiendo las indicaciones de tu doctor. Lo mejor es que empieces a sentirte mejor. Pero siempre haz preguntas. Si estás tomando antidepresivos y no te sientes mejor, hazte estas preguntas, pero no dejes de tomarlos porque tal vez tengas que volver a empezar desde el principio.

1. ¿Has tomado el medicamento todos los días?
2. ¿Has tomado el medicamento durante por lo menos dos semanas?
3. ¿Han pasado más de cuatro semanas?

Si tu respuesta a la primera pregunta es *no*, ¡necesitas tomar el medicamento cada día como se te recetó! Los antidepresivos deben tomarse cada día; no los puedes tomar como si fuesen aspirina porque es necesario el aumento gradual para alcanzar cierto nivel en tu sistema. Si la respuesta a la segunda pregunta es *no*, entonces sigue tomándolo. Los antidepresivos por lo general necesitan varias semanas para producir un efecto patente y para empezar a producir los efectos deseados. Si tu respuesta a la segunda pregunta es *sí*, llama a tu doctor para examinar otras opciones. Algunas posibilidades incluyen incrementos en la dosis, agregar otro medicamento, empezar alguna forma de terapia o simplemente esperar unas semanas más para ver si los medicamentos comienzan a surtir efecto.

Si ya han pasado más de cuatro semanas y todavía no te

sientes mejor, te sugerimos que hables con tu psiquiatra y explores otras opciones de tratamiento. Una de ellas puede ser un incremento en la dosis del antidepresivo, otra podría ser agregar otro medicamento, mientras que otra opción sería cambiar el medicamento por uno que te dí mejores resuetados.

Después de comenzar su medicamento, Isabel informó, "Tenía mucho miedo el primer día que empecé a tomar el medicamento, pensé que me haría sentir boba o atontada. Pero no pasó nada de eso. Es más, no pasó nada durante las dos primeras semanas; fue más adelante que de veras empecé a sentirme mejor. Mis amigos me dijeron que tuviese cuidado, que las píldoras me harían eufórica y que me haría adicta a ellas. Pero eso no sucedió. Empecé a sentirme menos pesimista y más motivada. Podía levantarme por la mañana. Mis problemas eran los mismos, pero ya podía enfrentarlos y hacer algunos cambios. Menos mal que lo intenté."

Como latina que está haciendo todo lo que está a su alcance por el bien de su cuerpo y de su mente, tal vez te convenga hablar con tu doctor acerca de los medicamentos. Si te receta un medicamento, sigue la lista del doctor Jorge sobre lo que se debe y lo que no se debe hacer:

1. *No* dejes de tomar el medicamento a menos que el doctor te lo recomiende, aun si te sientes mejor. Consúltalo con tu doctor. Si dejas de tomarlo demasiado pronto, puedes provocar la reaparición de los

síntomas o desarrollar síndrome de abandono del tratamiento, el cual te ocasiona síntomas parecidos a los de la gripe que, si bien son pasajeros, son molestos.

2. *Informa* a tu doctor de los efectos secundarios del medicamento. Dile la verdad acerca de la frecuencia con que tomas el medicamento o si faltaste alguna vez y la razón ello.

3. *No* cambies la frecuencia o la cantidad del medicamento por tu cuenta. Nunca tomes doble dosis porque se te haya olvidado.

4. *No* mezcles ningún medicamento con drogas o alcohol.

5. *Dile* a tu doctor si estás tomando otros medicamentos e informa a los otros doctores (aun al dentista) que estás tomando antidepresivos. Siempre lleva contigo una lista o tarjeta con los nombres de los medicamentos.

6. *Comenta* con tu familia que estás tomando un medicamento; esto les ayudará a cuidarte mejor.

7. *Cuéntale* al doctor de las plantas medicinales y vitaminas que estás tomando.

8. *No* compartas tus medicamentos con nadie, ni tampoco los mezcles.

Para mantener un registro de cómo las personas responden y reaccionan a los medicamentos, así como para observar cualquiera de los efectos secundarios, el doctor Jorge le da una lista a cada paciente que empieza un medicamento y le pide que la mantenga al día.

Los Medicamentos y Otras Enfermedades

Otra área que provoca gran preocupación—a los médicos— consiste en confirmar que la persona con depresión no padezca de ninguna otra enfermedad que pueda empeorar la depresión. Hay muchos problemas de salud que pueden presentar síntomas psiquiátricos o emocionales, entre ellos, el hipotiroidismo, SIDA, carcinoma hepático, síndrome de Cushing, enfermedad de Addison, hiperparatiroidismo, lupus, porfiria intermitente aguda, enfermedades del hígado, enfermedad de Wilson, enfermedad de Huntington, deficiencia de vitaminas y sífilis terciaria. Las enfermedades físicas graves, como enfermedades de la tiroides, mononucleosis, endometriosis, alergias o hipoglucemia (bajo nivel de azúcar en la sangre) pueden causar o contribuir a la depresión. Pídele a tu doctor que determine si padeces enfermedades que a primera vista podrían parecerse a la depresión.

Fecha	Hora	Medicamento	Efecto secundario	Sensación
Domingo				
Lunes				
Martes				
Miércoles				
Jueves				
Viernes				
Sábado				

LA DEPRESIÓN Y LA TERAPIA

Como en el caso de Isabel y muchos otros, no todo caso de depresión requiere tratamiento con medicamentos. Sabemos que hay otras formas eficaces de tratamiento, como los diferentes tipos de psicoterapias. Éstos son tratamientos en los que el paciente y el profesional de la salud mental intentan resolver los problemas subyacentes que tienen un impacto en la depresión y en la vida del paciente. Se insiste en que se hable de experiencias recientes y pasadas, las relaciones importantes en la vida, metas futuras, pensamientos, sentimientos y comportamientos en general. La psicoterapia abarca muchas técnicas y prácticas y, a diferencia de los medicamentos, no tiene efectos físicos directos aunque puede tardar más tiempo en producir una mejoría tangible.

La terapia se conduce en un ambiente de apoyo y seguridad e incluye, en muchos casos, algo de educación acerca de la condición de la persona, prognosis y consecuencias. Cualquiera puede beneficiarse de la psicoterapia, a cualquier edad y con cualquier historial. Además puede hacerse también en grupo, en pareja o en familia. La psicoterapia se puede adaptar para que sea útil en diferentes tipos de enfermedades mentales de variada gravedad. Las personas pueden hablar de sus problemas en la terapia y desarrollar aptitudes o mecanismos para comprenderlos y tratarlos.

Hay muchas formas de psicoterapia; se estima que hay alrededor de cuatrocientos tipos de enfoques diferentes. Sin embargo, estas orientaciones pueden ser agrupadas en tres categorías—psicodinámica, comportamiento conductista e interpersonal—que se tratarán más adelante.

Algunas personas prefieren la terapia verbal o asesoramiento más que los medicamentos para su tratamiento de depresión, aunque la combinación de terapia y medicamento ha demostrado ser más eficaz en ciertos tipos de depresión. Mucha gente sigue pensando erróneamente que los medicamentos ocultan la depresión y afectan el proceso de la psicoterapia. En realidad, los medicamentos ayudan a la persona a recuperarse del debilitamiento y mejoran los síntomas de la depresión, como el retraimiento, el aislamiento y la falta de energía. Al reducir estos síntomas, el paciente se sentirá más fuerte y será capaz de aprovechar la terapia y obtener sus beneficios. Hay también pruebas de que esas formas de terapia ayudan a impedir recaídas. En investigaciones que comparan medicamentos y terapia, se encontró que en las formas leves a moderadas de depresión ambos eran igualmente eficaces. Hoy en día, la práctica clínica estándar dicta un enfoque combinado—terapia multimodal—especialmente en pacientes con graves manifestaciones de depresión. La experiencia ha demostrado que los tratamientos combinados son superiores a cualquier otro tipo de terapia aislada.

Isabel dio los primeros pasos cuando creyó en sí misma, en las señales, en la posibilidad de cambio, en su cuerpo y en lo que ella necesita para cuidarlo. Combinó con éxito cambios en su forma de hacer ejercicio, su dieta y hábitos de descanso y aceptó los medicamentos. Así se recuperó física y mentalmente. El restablecimiento del cuerpo físico y de la mente de una latina del siglo veintiuno debe efectuarse en conjunto con el espíritu. Es sumamente importante que, como persona profundamente espiritual, tengas fe en tu espíritu si quieres convertirte en una latina fuerte y saludable.

CREER EN EL ESPÍRITU

Creo en mí misma y en mi familia y elijo vivir la vida de una manera espiritual que abarque todos los aspectos de mi vida.

En el capítulo precedente, se habló ampliamente de las diferentes maneras en que tú, latina moderna, puedes ayudarte a ti misma a investirte de poder y a alcanzar el bienestar, tanto del cuerpo como de la mente. Un cambio de dieta y el ejercicio te ayudarán a sentirte mejor emocionalmente, así como tomar los medicamentos que se te hayan recetado (si son necesarios), reconocer tus limitaciones físicas asociadas al estrés y la creencia en el poder de tu cuerpo, lo cual es esencial para la buena salud.

¿Qué pasa con el *tú espiritual?* Como latinos, somos por naturaleza y tradición personas muy espirituales; nuestras tendencias espirituales remontan a siglos atrás; en algunos casos, hasta miles de años atrás. Somos personas espirituales dentro de nuestra propia religión. La oración, la meditación, el yoga y la terapia te ayudarán a cuidar de tu espíritu y de tu alma. Tu elección es profundamente personal. Las opciones y las posibilidades son vastas. La espiritualidad y la fe, especialmente la que promueve el optimismo y la motivación, pueden (y muchas veces es así) ir cogidos de la mano con todas nuestras sugerencias para sanar y recobrarse de la depresión, aun si estás tomando medicamentos. Numerosos estudios demuestran que los pacientes mejoran con mayor rapidez cuando están felices, en equilibrio y compenetrados en su tratamiento. En este capítulo hablaremos de cómo cuidar del espíritu en el contexto de la espiritualidad tradicional, como lo es la religión, así como otros métodos alternativos de curación que se enfocan en el relajamiento y en el encuentro del equilibrio, además de explorar terapias optativas para cuidar del espíritu. Usaremos las palabras *oración, meditación* o *mantras* para referirnos al diálogo personal con una fuerza superior.

NUESTRA MANTRA PARA TI, UNA LATINA DEL SIGLO VEINTIUNO

La espiritualidad influye en todos los aspectos de tu vida. Aquí examinaremos diferentes opciones espirituales y terapéuticas que tienen impacto directo y profundo en tu forma de ser. Estas formas de espiritualidad te ayudarán en tu tratamiento;

todas son complementarias y benéficas en combinación con las recomendaciones de tu terapeuta, el doctor de cabecera o el psiquiatra. En este capítulo leerás acerca de la espiritualidad y cómo puede ayudarte a ser optimista y a ganar la fuerza y la esperanza para encarar los retos planteados por la depresión.

Repite: "Creo en mí misma, y en mi familia; opto vivir de una manera espiritual que abarque todos los aspectos de mi vida." Nos concentraremos en cómo permanecer *esperanzados* al enfrentar la depresión y su impacto en nuestra vida. Hablaremos del proceso de *curación* y de la *dignidad* y *gratitud* que debemos sentir en todo momento para tener una perspectiva más saludable y pacífica. El *sufrimiento* causado por la depresión puede ser contemplado bajo una nueva luz si eres capaz de tener fe, comprender las señales, enfrentar los cambios, aceptar las tradiciones, amar tu cuerpo, tener fe en ti y *amarte*.

LA RELIGIÓN Y TU ESPÍRITU

La espiritualidad es distinta de la religión. Las religiones del mundo proponen doctrinas y sistemas de creencias acerca de la naturaleza de Dios y la relación de la gente con Él. La espiritualidad, por otra parte, se refiere a la experiencia común que va más allá de esos diferentes puntos de vista. Es una experiencia que involucra la conciencia de algo que va más allá de nosotros mismos y del orden humano de las cosas y nuestra relación con ello. Aun si te consideras una persona agnóstica o atea, es posible que te sientas inspirada por una caminata en el parque o al contemplar una hermosa puesta de sol. Eso—la paz que te envuelve por la belleza que te rodea—también es espiritualidad.

La mayoría de nosotros, los latinos, creemos en Dios o en un poder espiritual que envuelve nuestra vida diaria. Nuestra alma o espíritu es el resultado de lo que somos y nuestro lugar en este mundo; esta idea es un aspecto de nuestra cultura y es positiva y nos sirve para esforzarnos y ser exitosos. También nos recuerda que debemos estar agradecidos. Creemos que alimentamos nuestro espíritu para tener bienestar emocional y físico. Los latinos creemos que hay una continuidad entre el espíritu, la mente y el cuerpo que guía nuestras acciones, pensamientos y emociones. Se ha comprobado que las personas que son religiosas tienden a tener sistemas de inmunidad más fuerte y saludable, a estar menos deprimidas y a evitar las adicciones que las que nos son religiosas.

La continuidad de espíritu, mente y cuerpo nos mantiene saludables y en equilibrio. Por otra parte, un sistema de creencias también puede llegar a impedir que busquemos ayuda profesional en lo que toca a la salud mental. Muchos latinos sienten que sus problemas—depresión, estrés o ansiedad— vienen de mano de Dios y no se pueden modificar. Pero como seguimos repitiendo, la depresión, el estrés y la ansiedad no son normales; nadie se los merece, sin importar su credo religioso.

¿Influye nuestro espíritu o espiritualidad en nuestras emociones? Sí, sin lugar a dudas. Nuestra creencia espiritual es una parte importante de lo que somos como latinos. La mayoría de los latinos tiende a creer que Dios, una fuerza espiritual, los acompaña y siempre está dispuesto a ayudarlos.

El catolicismo y sus mensajes y doctrinas son para muchos una fuente primordial de consuelo; sin embargo, muchos aspectos de la vida moderna están en conflicto con los puntos de vista tradicionales del Vaticano. La Virgen—sus apariciones, imágenes y mensajes—crea un modelo extremadamente complejo para las latinas en este país. La experiencia religiosa que tenemos durante la infancia determina nuestra participación en la iglesia durante nuestra vida adulta. Muchas latinas no asisten a la iglesia tan fervientemente como sus madres y seguramente menos que sus abuelas. Las latinas modernas ponen en tela de juicio los mensajes y la doctrina de la Iglesia frente a su atareada vida y éstos no están al mismo nivel que nuestra comprensión del mundo. La postura de la Iglesia Católica res-

NUESTRA GENTE, NUESTRA RELIGIÓN

Aproximadamente, 70 por ciento de los hispanos en Estados Unidos son católicos y un 22 por ciento son protestantes. Más de la mitad de éstos son cristianos evangelistas y sólo el 16 por ciento pertenecan al protestanismo tradicional. Algunas sectas como los testigos de Jehová o los mormones tienen un crecimiento significativo.

pecto a la sexualidad, los anticonceptivos, el aborto, la eutanasia y otros temas de similar índole, crea conflictos para muchas personas. El capítulo 6, que trata acerca de las tradiciones, junto con este capítulo, te insta a cuestionarte, a recuperar y reconciliar los aspectos de la religión, la espiritualidad y la fe que tienen significado para ti y que son un auxilio necesario.

N*o puedo ir a la iglesia todos los días como mi madre; tengo que ir al trabajo y ella no. Esto no me hace menos creyente. Tampoco entiendo la Biblia de la misma manera que ella, palabra por palabra. Especialmente cuando se trata de sexo, necesito tomar mis propias decisiones. Dios o una fuerza superior me ha dado inteligencia y la facultad para encontrar soluciones cuando las necesito. Elegí creer a mi manera y orar o meditar de una forma que me pareciese correcta, aunque sea muy diferente de aquella con la que crecí. Ahora medito al final de cada jornada para dar las gracias por haber llegado al final del día. Es un momento de pausa para recordar el día y revivir los momentos buenos y agradecer las adversidades que sobreviví. Le ruego al universo que me ayude a comprender los cambios que mi cuerpo sigue experimentando cada mes y que me ayude a aprender a vivir con ellos, aunque sólo sea protegerme cuando me siento al borde. Agradezco al universo por cuidarme y le pido que también proteja a mis seres queridos. Creo que esta manera de rezar me ayuda a dormir mejor.*

—Alejandra, 33 años de edad, casada, cubana–americana, dentista en el Bronx, Nueva York

Las Oraciones Cuidan al Espíritu

Se sabe, sin lugar a dudas, que cuando se ora, la creencia en una fuerza superior puede aumentar el relajamiento. Esto significa que cuando rezas y verdaderamente crees en la eficacia de la oración, disminuye la tensión arterial, se disipa la ira y alcanzas más rápidamente tu potencial para curarte. Algunas veces, con sólo invocar a Dios, como lo ha hecho nuestra gente a través de los siglos, se tiene efectos positivos. Al decir "Padre nuestro" o "Shema Yisrael" u "Om," la mente se prepara para orar. Ya sea que ores a Dios, a la Virgen de Guadalupe, a la Madre Tierra o a una fuerza superior, recuerda que la oración debe concentrarse en lo positivo para ayudarte a combatir la depresión.

Mucha gente se pregunta cómo la oración cura el espíritu. Hay muchos factores que hacen que la oración sea benéfica en el proceso de sanación. La fe profunda nos alienta a tener la disciplina que nos permite hacer un cambio en nuestro estilo de vida—por ejemplo, comprometernos a un nuevo programa holístico—y ser constante. Por cierto, las personas que verdaderamente creen que mejorarán, recuerdan mejor que se sentían bien antes de haberse desplomado. No te será fácil salir de la depresión si piensas que a nadie le importas y que estás luchando sola una batalla perdida. Pero si te animas con el pensamiento de que un amigo está orando por tu salud mental, y además sientes que una fuerza más grande que tu desesperación escucha esas oraciones, podrías ser capaz de sanar. La mejor combinación de mente, cuerpo y espíritu surge cuando dirigimos nuestra energía hacia una mejoría.

Si crees en el poder de la oración, éstos son algunos consejos útiles:

1. La oración resulta más valiosa para tu mente y tu cuerpo cuando es acumulativa. Es buena idea orar todos los días, aun si crees que no hay por qué hacerlo.

2. Ora tanto por ti como por los demás. No se trata de ser egoísta; la fuerza de tus acciones es demasiado poderosa para dirigirla sólo hacia el interior, debes desplegarla hacia los demás también. Al incluir a tus seres queridos en tus oraciones, haces más sólidos los lazos que te unen con el mundo que te rodea.

3. Vacía tu mente de pensamientos; mejor deja que fluyan los sentimientos dentro de ti, como sucede en la meditación. Tal vez ocurra que tu oración fluya en una dirección distinta a la que inicialmente tenías cuando empezaste a orar.

4. Algunas veces, cambia la institución y el lugar donde oras. No necesitas una iglesia, una sinagoga o un santuario; puedes rezar en tu cocina o en el patio de tu casa.

No hay reglas fijas y seguras, ni correctas o incorrectas, acerca del estilo y contenido de nuestras oraciones ni del lugar donde las llevemos a cabo: eso depende completamente de cada uno. Puedes orar en silencio o en voz alta, bajo la ducha, en una hamaca, mientras planchas o en el salón de juntas. Puedes inventar tu propia oración o recitarla de un libro. Puedes orar usando una palabra, un murmullo o una canción. Sobre todo, ora con el corazón.

Las mantras se diferencian de las oraciones en que se dirigen terapéuticamente hacia dentro, *hacia ti misma*. Las mantras están pensados para calmarte y recordarte tus metas. Mucha gente crea mantras que se pueden recitar al afrontar las dificultades personales:

Aprenderé de esta experiencia.

Seré una mejor persona cuando pase esto.

Nunca me encontraré otra vez en una situación como ésta porque ahora reconozco las señales.

Aunque la vida es realmente difícil ahora, sé que cambiará.

Ésos son ejemplos de mantras personales.

Las mantras son útiles para algunas personas y sirven para hacer surgir una respuesta relajante y estimular cambios fisiológicos saludables en el cuerpo. Algunos ejemplos de situaciones en que las mantras son útiles:

• "Cuando atravieso por una situación difícil en el trabajo, me recuerdo a mí misma que soy capaz de superar cualquier cosa que se me atraviese en el camino porque ya lo he hecho antes. Lo digo palabra por palabra, en voz alta y con los ojos cerrados. No estoy segura por qué, pero a la tercera o cuarta vez, lo creo y puedo salir adelante." —Alejandra

- "Desde que murió papá, hay momentos en los que lo extraño entrañablemente. Me consuela recordar que ya no está sufriendo y que a él no le hubiese gustado verme triste. Me consuela decírmelo una y otra vez, es como si él me lo estuviese diciendo. Tengo que acordarme de que es un proceso, de que sólo yo puedo hacer lo que debo hacer y que esto es sólo un pasito dentro del gran esquema de la realidad. Tal vez tenga que repetirlo varias veces mientras respiro profundamente, pero funciona." —Gabriela

El Curanderismo Cuida al Espíritu

En México, los aztecas entendían a fondo el uso de ciertas plantas medicinales como remedios. En una excavación en la ciudad de México se descubrió la estatua de una divinidad azteca de las plantas, Xochipilli, y en su base se ven talladas plantas, flores y hongos que se usaban con propósitos medicinales. Hoy en día, se ha confirmado que esas plantas en verdad tienen valor medicinal. Los aztecas desarrollaron un sistema de clasificación que incluía cada planta y flor, los efectos que producía y las dolencias que curaba. Esta antigua sabiduría y entendimiento ha influido en la cultura latina. Hasta el presente, algunas personas buscan ayuda con los curanderos antes de hacerlo con los médicos.

Las flores, las plantas y los rituales siempre han sido parte de la vida y la experiencia de muchas latinas. El uso de plantas medicinales, pociones y cataplasmas en los tratamientos de enfermedades físicas y espirituales tiene su origen en tiempos antiguos. Lo mismo ocurre con los ungüentos que la abuela nos pone en el estómago cuando tenemos retorcijones, el té que hace para los nervios, el altar donde enciende velas y todos los pequeños rituales y reglas que te ha enseñado. El curanderismo es una práctica antigua basada en un sistema de creencia espiritual latino–indígena a la que acuden ciertos grupos desde antes de la conquista. Se basa en la premisa de la existencia de un espíritu creador que puede tener diferentes encarnaciones. Como sabes, unirse y comprometerse con las enseñanzas es parte integral de la creencia. A veces, en tiempos de crisis, se invoca a la Virgen, un santo o un ángel para que también ayude en el consejo del curandero. Se cree que los curanderos son elegidos por fuerzas espirituales y que han heredado su conocimiento de sus antepasados y de las abuelas. También se cree que si, por alguna razón, alguien se aleja o no está siguiendo estas enseñanzas, pueden ocurrir consecuencias negativas, como cambios adversos en el estilo de vida que requieren la intervención de un curandero. El curandero está arraigado firmemente en el mundo espiritual y cree que éste puede influir en la vida de una persona hasta en las consecuencias de las acciones. Hay curanderos que simplemente aconsejan y otros que son más activos en el uso de limpias, remedios de plantas medicinales o como sobadores.

Al considerar los problemas de una persona desde diferentes puntos de vista, el curandero es una versión del practicante médico holístico moderno, que frecuentemente tiene un certificado médico o una maestría en medicina alternativa. El propósito del curandero es de librar al individuo de toda energía espiritual negativa y proveerle así la oportunidad de empezar de nuevo y hacer los cambios necesarios en su estilo de vida. El curandero usa diferentes enfoques para ayudar al individuo a mejorar, como la oración, la música, la danza, las velas, las flores y la luz, entre otras cosas. El proceso de sanar, como en la terapia tradicional, puede requerir de varias visitas en las que se reciben muchos consejos sobre cómo mejorar y desarrollar nuevas destrezas para evitar problemas en el futuro. (Otra curandera tradicional, especialmente en México y Centroamérica, es la huesera que usa plantas medicinales para tratar problemas musculares y óseos.)

Sandra, de 47 años de edad, mexicana–americana, de primera generación estadounidense y que vive en San Diego, encontró alivio en el curanderismo cuando llevó a su madre a los tratamientos para el cáncer. "Sabía que la medicina y los doctores estaban haciendo todo lo que podían para ayudarla. Prendía velas y rezaba oraciones especiales para enfermos . . . Pedía que los doctores tomaran las mejores decisiones . . . Me hacía sentir bien que ayudaba de alguna manera. También me dio paz y esperanza la visita al curandero: los rituales inspiran y fortalecen. Me pareció que las dos cosas se complementaban. Ella tomaba sus medicamentos y yo oraba para que le hicieran bien. Llevaba a mamá a las consultas con los doctores y, luego, al curandero." Desafortunadamente, muchas personas sólo buscan ayuda para sus dolencias con los curanderos—aun cuando se trata de una enfermedad grave—y como consecuencia, su salud no mejora y se acaba empeorando. La realidad es que los tratamientos médicos y el curanderismo (como la religión o la terapia) se pueden complementar. Gabriela habló de su madre y de cómo estaba enfrentando la muerte de su esposo. También nos dijo, "Las semanas pasaban sin que mejorara, así que fuimos a ver a la curandera que su comadre nos había recomendado. 'Mama', le dije, 'vamos a hacer también una cita con el doctor de cabecera, puedes ir a los dos.' Pero no quiso y después fue a la botica. Intenté explicarle que necesitaba cuidado médico, pero no me hizo caso. Me decía que era obra de Dios. Finalmente hice una cita y la llevé al doctor a pesar de sus protestas. El doctor dijo que si hubiésemos tardado más tiempo, probablemente ella hubiese terminado en la sala de emergencias."

El relato de Gabriela muestra los diferentes pasos que los latinos toman antes de ir a ver a un terapeuta o doctor. Esta dependencia en la fuerza interna a costa de la salud física o emocional puede ser problemática si se prolonga demasiado. Creemos que respetar tu fe en el espíritu es importante; sin embargo, también es importante aceptar que cuando las recetas familiares no dan resultado, hay que ir a ver a un doctor. El tratamiento óptimo es cuando tienes los dos tipos de tratamiento, espiritual y médico, trabajando juntos.

La Tradición de la Santería

La necesidad insaciable de conservar la identidad y las tradiciones en muchos de los subgrupos latinos es lo que hace que la gente busque ayuda en las prácticas populares y tradicionales para sanar. Entre algunos cubanos, la santería, ligada íntimamente a las creencias religiosas, es la forma de tratar las cuestiones de salud mental. La santería es en parte una reminiscencia de creencias espirituales africanas de los esclavos negros de la época colonial. La santería es la fusión e identificación de dioses africanos con santos católicos de los españoles. El acoplamiento de la santería con las prácticas religiosas y creencias cristianas no tardaron en propagarse más allá de los esclavos negros dentro de la sociedad cubana. En los Estados Unidos todavía perduran estas prácticas y sirven a su vez para mantener robusta la identidad latina. En la santería se cree que las enfermedades físicas y mentales se deben a influencias sobrenaturales.

EL RELAJAMIENTO AYUDA
AL ESPÍRITU

Existen y siguen desarrollándose cada año técnicas de relajamiento que fortalecen la salud y el espíritu. Puedes elegir entre varias, desde la técnica Alexander de respiración hasta el masaje *shiatsu*. Sólo tienes que averiguar para decidir cuál es la que más te conviene.

Cuando en la terapia Vanessa logró identificar lo que la estresaba (problemas con el auto, llegar tarde, pasar mucho tiempo con sus parientes políticos), ella y la doctora Belisa hablaron de cómo cambiar esas situaciones. Como por el momento no había otra alternativa que aguantar los fines de semana completos con la familia del esposo y como tampoco podía cambiar el tráfico, la doctora Belisa le sugirió técnicas de relajamiento. Además estas técnicas ayudan a mantener la perspectiva sobre lo que es importante, controlan la tensión arterial, protegen del estrés y enseñan a estar consciente de lo que pasa con tu cuerpo. Al emplearlas, empezarás a fijarte en lo que te pone tensa, antes de que se convierta en un dolor de cabeza, de estómago, de espalda, y acabes hecha un caso de nervios.

El relajamiento ha demostrado tener muchos beneficios, ademas de ayudarte a sentirte más saludable y con más energía. Una vez que se hayan dominado las técnicas, el relajamiento se puede practicar en cualquier situación. Los ejercicios de relajamiento deberían integrarse a la rutina diaria igual que el ejercicio físico y la comida saludable.

¿Qué son exactamente los ejercicios de relajamiento? No podemos explicarlos todos; he aquí algunas opciones. Entendemos por ejercicios de relajamiento, adquisición de la conciencia del cuerpo y su exploración por medio de los ejercicios de respiración y el relajamiento muscular progresivo. Para lograr estar consciente del cuerpo y localizar puntos de tensión, es importante que te concentres hacia dentro y fuera del cuerpo. "Concentración externa" podría ser cuando al mirar por la ventana, ves los trenes que pasan, la alfombra roja de tu oficina y oyes el sonido que haces al teclear, es decir, estar consciente de todo lo que pasa a nuestro alrededor. "Concentración interna" requiere que pongas atención a lo que pasa dentro de ti, como los ruidos de tu estómago, los olores y sonidos en tu casa, el dolor en el pulgar del pie derecho. Una vez conseguida la concentración externa e interna, puedes cambiar tu atención de una a otra; al hacer esto varias veces al día por varios minutos, te harás más consciente de lo que está pasando dentro y fuera de tu cuerpo.

La Exploración Corporal

Una técnica que te ayuda a localizar los puntos de tensión en tu cuerpo y controlarlos se llama exploración corporal. Cierras los ojos, empiezas por los pies y vas subiendo poco a poco, preguntándote: ¿Dónde siento tensión? Cuando la localices, puedes empezar a eliminarla, puesto que tanto tú como tu cuerpo están produciendo el dolor y debes identificar lo que está causando la tensión. Una vez que controles la tensión, el dolor que produce y su relación con el estresor externo, puedes empezar a deshacerte de ella.

Vanessa aprendió a explorar su cuerpo después de unas sesiones. Lo hacía cuando sentía que estaba en una situación que le estaba causando estrés, pero que quedaba fuera de su control. "Podía estar en medio del tráfico y saber que llegaría tarde. Sabía que llegaría con dolor de cabeza y todo el día iría de mal en peor. Repasaba mentalmente una lista y me di cuenta de que el tráfico era algo que estaba fuera de mi control, pero que no era el fin del mundo; después me concentraba para localizar la tensión. Era realmente divertido porque nunca me había dado cuenta de que apretaba las mandíbulas y me encogía de hombros."

Respirar para Relajarse

Aunque cueste creerlo, la respiración es parte fundamental de la salud. La respiración disfuncional puede contribuir a la ansiedad, los ataques de pánico, los dolores del cuerpo, la tensión y otros malestares. El budismo zen y otros tipos de prácticas orientales enfatizan las destrezas que te llevan a respirar correctamente como la clave de la buena salud: la meditación zen depende de la respiración. Cuanto más consciente estés de tu respiración, más capaz serás de respirar lenta y controladamente, de tal forma que tu mente y tu cuerpo podrán relajarse. La respiración que induce el relajamiento es la respiración abdominal o la respiración con el diafragma (que es más regular y satisfactoria), la misma que los bebés usan al dormir. Al principio estos ejercicios son difíciles pero pronto la técnica se domina y los beneficios son inmediatos.

Éstos son algunos ejercicios fáciles:

• Sé consciente de cómo respiras. Cierra los ojos y coloca la mano en el pecho o en la barriga y siente entrar y salir la respiración; trata de concentrarte en la fuente de tu respiración. ¿Viene del pecho o de la barriga? La respiración profunda se logra con el diafragma. Para lograr esto, debes exhalar profundamente, una o dos veces, vaciando todo el aire desde lo más profundo de tus pulmones: te puedes ayudar, presionando sobre tu barriga. Debes concentrarte en respirar "con" el abdomen, y controlar esto, manteniendo la mano sobre tu barriga y concentrándote en cómo sube y baja cada vez que respiras. Una vez que hayas logrado esto, deberías hacer ejercicios de respiración profunda unos minutos al día. Hallarás que te ayudará a relajarte.

• Debes aprender a respirar para aliviar la tensión y relajarte durante el día. Puedes intentar "contar y respirar," cuando respiras "desde la barriga," antes de exhalar, haz una pausa. Mientras exhalas, cuenta; continúa así y empezarás a relajarte, notando que la respiración se ha vuelto lenta, tu mente está más clara y te sientes más relajada. Otro aspecto interesante son los suspiros y los bostezos; éstos son señales de tu cuerpo de que tu sistema no está recibiendo suficiente oxígeno. Los suspiros son también una forma de aliviar la tensión y la ansiedad. Cuando bosteces o suspires, o cuando te sientas tensa, haz una pausa, deja de hacer lo que estés haciendo, siéntate o estírate, suspira profundamente y deja salir el aire. Haz esto varias veces al día. Otra técnica útil que hay que recordar al hacer ejercicios de respiración es exhalar y pensar que "sale la tensión" y que al inhalar "entra el relajamiento." Puedes crear algunas imágenes visuales de que esto ocurre para ayudarte a respirar y acabar sintiéndote relajada.

• Si te sientes estresada en el trabajo, si trabajas en tu escritorio todo el día, renueva tus fuerzas. Ponte de pie y coloca los brazos enfrente de ti. Respira profundamente, haz un círculo con los brazos en una dirección, luego en la otra, y entonces exhala con energía por la boca. También puedes poner las manos en las caderas y, parada así, inhala profundamente; cuando exhales, dobla el torso hacia adelante. Enderézate otra vez e inhala profundamente; repite el ejercicio otra vez, estirándote hacia atrás mientras exhalas. Repite ambos ejercicios varias veces durante el día para obtener energía y eliminar la tensión en tu cuerpo.

Los ejercicios de respiración te ayudan a estar más alerta y hacen que tu cuerpo se sienta más fresco y vigoroso. "Aunque los ejercicios de respiración para calmarse se los recomendaron a mamá, terminé haciéndolos yo también," nos dijo Gabriela. "Me di cuenta de que ya había hecho por ella todo lo que podía y que era yo la que necesitaba respirar profundamente y relajarme. Caí en cuenta de que a veces pasaba horas sin respirar profundamente ni una sola vez; con sólo inhalar y exhalar profundamente se me aclaraba la mente y me daba otra perspectiva. Lo empecé a hacer cada vez que me sentía frustrada o preocupada por ella y los tratamientos. Aunque intentamos enseñarle a ella estos ejercicios, no logramos que los hiciera con regularidad. Por cierto, seguramente me ayudaron a mí a sobrellevar el estrés al cual me exponía cuidándola."

Relajamiento Muscular Progresivo (PMR, por sus siglas en inglés)

A finales de la década de 1920, un doctor de Chicago descubrió el principio del relajamiento muscular progresivo, partiendo de la base de que para poder relajarse primero se debe estar consciente de la tensión y de los efectos que produce, concepto que ganó amplia aceptación. El doctor creía que el estrés ocasionaba que el cuerpo respondiera con tensión muscular que se siente o percibe como ansiedad. Al relajar los músculos se puede reducir la ansiedad y la tensión: el relajamiento evita la tensión en el cuerpo y el sentimiento de ansiedad. Se ha demostrado que este método es eficaz para aliviar la tensión muscular, los problemas de insomnio, la fatiga, los espasmos y los dolores entre otros malestares.

El relajamiento muscular progresivo puede practicarse cuando uno se siente estresada o tensa. Es fácil de aprender y hacer. Empieza por las manos: primero, aprieta el puño fuertemente durante cinco o diez segundos y concéntrate en la tensión muscular de tu mano, antebrazo y brazo. Luego, relaja el puño por unos veinte o treinta segundos e intenta notar la diferencia que se siente entre la tensión y el relajamiento. Ésta es la clave: sentir la diferencia entre una sensación y la otra. Una vez comprendida la diferencia de sensaciones, pasa a los otros grupos de músculos, antebrazos, brazos, hombros, cuello, y así sucesivamente.

· · ·

Todos estos ejercicios de relajamiento deben formar parte de tu rutina diaria. Refuerzan la idea de que es importante estar aquí en el presente y concentrarse en lo que está pasando en este momento. Muchas veces nos preocupamos por cosas del pasado y del futuro y a pesar de que ninguna tiene solución inmediata, afectan cómo nos sentimos y pensamos. Mientras más te concentres en ti misma, relajadamente y en el presente, más estarás en el presente, que es donde debes estar.

LA MEDITACIÓN CUIDA AL ESPÍRITU

La meditación nos ayuda a sentimos menos ansiosas y con más control. La conciencia que se logra a través de la meditación puede ser también fuente de perspectiva personal y comprensión de sí mismo. El primer elemento que se requiere es tener un medio ambiente tranquilo, un lugar de culto o una habitación silenciosa pueden ser apropiados. Muchos místicos han meditado al aire libre; la mayoría de los monasterios están ubicados en lugares desolados. No tienes que ir al Himalaya a meditar, tan sólo busca un lugar tranquilo y callado en tu casa.

El segundo elemento es encontrar un objeto para contemplar. Este objeto puede ser una palabra, la repetición de un sonido, un símbolo o un sentimiento particular. Por ejemplo, dirigir tu atención a la repetición de una sílaba te ayudará a conseguir la claridad mental. Cuando te distraes y te llegan pensamientos ajenos al estado meditativo, regresa a esta sílaba para eliminarlos.

El tercer elemento es la actitud pasiva. Es decir, vaciar la mente de todos los pensamientos y distracciones. Los pensamientos y las imágenes podrían amontonarse en tu conciencia. No prestes atención a esas percepciones, déjalas pasar.

El cuarto elemento es una postura cómoda que te permita permanecer en la misma postura por lo menos veinte minutos. Usualmente se recomienda permanecer sentada.

Hay varios tipos de meditación. La oración es probablemente la más conocida, pero también hay meditación trascendental (TM, por sus siglas en inglés), la meditación plenamente consciente y, de la tradición oriental, la meditación zen, la budista y la taoísta. Todas estas prácticas tienen un punto en común: tranquilizar la mente. La intención no es quitar la estimulación, sino dirigir la concentración a un elemento curativo, un sonido, una palabra, una imagen o la respiración propia. Cuando la mente "se llena" de sentimientos de paz y calma, elimina las preocupaciones, el estrés o la depresión.

La meditación también puede ponerte en contacto, con el médico interno que llevas en ti, permitiendo que la sabiduría interna del propio cuerpo sea escuchada. Los ejercicios de meditación son en realidad formas de imaginar y visualizar extraordinariamente útiles para curar viejos traumas, confrontar ansiedades mortales, finalizar "viejos asuntos," aprender a perdonar y mejorar la autoestima. "Intenté meditar en los días que sentía que me podría concentrar. Era mucho más fácil hacerlo en una clase donde la suave voz de un maestro y sus instrucciones me guiaban," dijo Alejandra. "Luego, llegué a ser capaz de hacerlo en casa yo sola. Me concentraba en el recuerdo del hogar de mi infancia en México; más tarde compré una cinta de sonidos tranquilizadores para acompañar la meditación, como campanas y diferentes tonos. Lo mejor fue cuando pude hacerlo cuando tenía un mal día y no me sentía bien. Había momentos en que era capaz de calmar mi cuerpo y espíritu y sentirme mejor."

LA TERAPIA CUIDA EL ESPÍRITU

Aunque no todos la consideran una práctica espiritual, la psicología te permite adentrarte en ti misma casi como la meditación o cualquier otra forma de cuidado espiritual. La psicoterapia, o terapia verbal, es un proceso por el cual el paciente y el profesional de la salud mental intentan resolver los problemas subyacentes que impactan en la depresión. Para los latinos que valoran la vida privada y familiar, la idea de "sacar los trapitos al sol" con una persona extraña es difícil de aceptar al principio. Según nuestra experiencia como doctores, sabemos que la terapia da buenos resultados y que una vez las latinas se hacen a la idea, bueno, es increíble cómo se apasionan al hablar y estar en contacto con sus sentimientos y cuerpos.

La terapia (también llamada asesoramiento o psicoterapia) requiere que los pacientes hablen acerca de hechos recientes y del pasado, relaciones importantes, metas futuras, pensamientos en general, sentimientos y comportamientos. Abarca muchas técnicas y prácticas y, a diferencia de los medicamentos, no tiene efectos físicos directos. La terapia ayuda a las personas con depresión a cambiar sus patrones negativos de pensamiento. Los terapeutas les enseñan a ser objetivas acerca de lo que ocurre a su alrededor, sus perspectivas, su vida y su futuro. Les enseñan a los pacientes que sufren de depresión a concentrarse en el cambio y en las destrezas que necesitan para capacitarse, en vez de concentrarse en los errores del pasado y en las situaciones que están fuera de su control.

¿Cómo y Cuándo Debes Considerar la Terapia?

No necesitas tener una enfermedad mental o estar terriblemente deprimida o ansiosa para empezar una psicoterapia. A veces sucede que una persona deja las cosas para más tarde y cuando trata de buscar a un psicoterapeuta, la crisis ya está avanzada, complicando la búsqueda y dificultando la evaluación de los resultados. No es lo mismo ir al terapeuta cuando sólo quieres mejorar tu vida que cuando te sientes a punto de perder el control completamente. Por supuesto, los primeros pasos están a la mano: puedes hablar con tu médico de cabecera que te referirá a un profesional conocido, o hablar con una amiga que haya ido a terapia y obtenido buenos resultados. También podrías buscar ayuda con algún sacerdote o pastor que te pueda recomendar algún profesional. Hay muchos sacerdotes que han tenido entrenamiento adicional en psicología y ellos te pueden dar una orientación en general.

La Terapia, Es Para Ti?

Mientras lees esto, ¿consideras que estás en desacuerdo con alguna de las siguientes declaraciones?

- Me siento presionada a buscar un cambio en mi vida.
- Me doy cuenta de que si sigo luchando yo sola con mi problema, no será fácil.
- Cuanto más lo dejo para después, más grande es el desgaste personal o el esfuerzo para continuar con mi rutina diaria.

Si te sientes presionada a cambiar, que ya no puedes seguir luchando tú sola y que el desgaste es tan grande en tu vida, entonces sí, definitivamente necesitas terapia.

La depresión es por naturaleza una enfermedad recurrente y si se deja sin tratamiento, es posible que todos los periodos de depresión posteriores vuelvan poco después, más frecuentemente y que respondan menos a tratamientos. Ésta es la razón por la cual el tratamiento antidepresivo adecuado y oportuno puede prevenir o reducir la gravedad de depresiones futuras, permitiendo que las personas con depresión regresen a la vida normal. En muchos casos, aun después de que los síntomas depresivos hayan desaparecido, es importante permanecer en un tratamiento de mantenimiento para evitar una recaída o recurrencia de la enfermedad.

M*e resistía a la terapia porque pensaba, "¿Cómo voy a contarle mis problemas personales a alguien que no conozco?" Después me convencí de que ventilarlos con mis amigos sería lo mismo. Estaba equivocada en ambos casos. Las opiniones de alguien que no conocía eran más objetivas, más claras . . . y la forma en que me formulaba las preguntas provocaban una reacción completamente diferente a la que tendría al hablar con una amiga que ya había escuchado la historia diez veces.*

—Valeria, 24, dominicana, estudiante universitaria que
vive en Washington Heights, en la ciudad de Nueva
York; es soltera y vive con su mamá y hermanos.

Cualquiera puede beneficiarse con la terapia, a cualquier edad y con cualquier antecedente. La terapia puede hacerse también en grupo, con una pareja o en familia. Puede ser modificada para ser útil en diferentes grados de gravedad de una enfermedad mental. La gente en terapia será capaz de discutir sus problemas y desarrollar aptitudes o estrategias para salir adelante. En terapia, se habla acerca de una amplia serie de temas, por ejemplo:

• Experiencias recientes: algo que pasó esta semana u hoy.

- Experiencias pasadas: algo que pasó cuando eras joven, adolescente o niña.
- Relaciones importantes: entre familiares, amigos y conocidos.
- Metas futuras: deseos, sueños y fantasías acerca del futuro.

Te debes sentir a gusto con tu terapeuta porque a pesar de que a veces puede que haya momentos difíciles en la terapia, te sentirás a salvo, escuchada y comprendida. Si después de algunas sesiones no te gusta la personalidad o estilo del terapeuta, ¡cambia! De la misma forma que cambiarías de dentista si no te gusta cómo el dentista atiende tu salud dental, también puedes elegir a tu terapeuta.

Formas de Terapia

Todas las formas de terapia parten del principio básico de que el pasado de cada persona modela su realidad del presente. Ésta es la razón por la cual se concentran en comprender el pasado para resolver problemas del presente. Otro principio básico de la terapia es que hay influencias inconscientes en los pensamientos, comportamientos y acciones de una persona. Al hacer al paciente consciente de estas influencias, puede producirse un cambio benéfico.

Una forma actual de terapia, como la *terapia interpersonal,* está orientada en función de las relaciones que un individuo tiene con los demás y su influencia en la salud mental. Hay una conexión entre las relaciones problemáticas y el desarrollo de la depresión; y, a la inversa, la depresión puede dañar tus relaciones. Comprender los papeles que juegan las diferentes relaciones en la depresión de una persona y la manera en que la capacidad para relacionarse modifica esas interacciones, puede producir una mejoría terapéutica. La meta de la terapia interpersonal es mejorar el funcionamiento interpersonal y social de una persona, así como su autoestima, y eliminar los síntomas depresivos a través de la participación activa. El terapeuta ofrece consejo y guía, y enseña al paciente a evaluar y cambiar sus interacciones con otros para adquirir una mayor consciencia de su realidad.

La *terapia cognitiva conductista* es muy diferente: está basada en la forma en que el comportamiento, las emociones y los pensamientos de una persona responden a sucesos externos. Se considera que la depresión, en particular, está asociada a patrones de pensamiento negativos y destructivos. Se cree que si podemos "aprender" ciertos comportamientos que son malos para nosotros y que nos pueden llevar a la depresión, también podemos "desaprender" esos comportamientos por medio de la terapia cognitiva conductista.

Se han desarrollado técnicas específicas de comportamiento, cognitivas y educacionales que se usan solas o en combinación para ayudar al paciente a contrarrestar acciones y pensamientos negativos. Cuando se cambian los comportamientos y los pensamientos, el estado de ánimo de una persona empieza a mejorar. "No puedo hacer nada bien," un comentario derrotista típico de la depresión, se transforma, a través de estas técnicas, en una declaración positiva: "Me costará algo de esfuerzo hacer esto, pero lo puedo hacer." Muchos estudios han demostrado que la terapia cognitiva conductista es eficaz en los casos de depresión leve a moderada. La terapia cognitiva conductista será muy activa; el terapeuta indicará los ejercicios y tareas para hacer en casa, como listas de experiencias, pensamientos y comportamientos. Normalmente se lleva una agenda con objetivos claros, y el objetivo final es el desarrollo de la autoconciencia de la persona.

"El terapeuta que consultaba era 'ecléctico', esto quiere decir que en el ejercicio de su terapia integraba varias teorías: la terapia interpersonal y la cognitiva conductista," dijo Valeria. "Me gustaba porque yo participaba activamente y me concentraba en los pensamientos y sentimientos del momento. También me daba tarea y ejercicios. En otras ocasiones conversábamos acerca de mi relación con mis familiares cuando era adolescente y la influencia que tienen en mí ahora."

Terapia de Grupo

La terapia de grupo es una forma de tratamiento en que las personas participan en un intercambio de ideas dirigido por un especialista en este tipo de procedimiento clínico. El grupo consta de tres o más personas y puede llegar a ser hasta de quince personas, pero el número ideal es entre ocho y diez participantes, a veces una o varias familias con problemas similares.

La terapia familiar es útil para ayudar a los miembros de la familia a sobrellevar y manejar la enfermedad de algún familiar, al mismo tiempo que permite al individuo resolver problemas dentro de la familia. En general, las interacciones en el grupo proveen inmediatamente una respuesta a cada persona acerca de su interacción con los otros. En la terapia familiar se obtiene importante información psicológica acerca de cómo cada persona se comporta, piensa e interactúa con los otros miembros.

El líder de grupo ayuda al paciente a descubrir cómo las interacciones con los otros miembros del grupo podrían ser similares a interacciones o relaciones anteriores que resultaron defectuosas, y cómo modificar y mejorar esas interacciones que influyen en sus relaciones y en su funcionamiento positivo. "La pérdida de mami y los cuidados a papi, que estuvo tan deprimido, afectaron a nuestra familia," nos dijo Jackie. "Nuestro pastor nos aconsejó que asistiéramos a unas cuantas sesiones con un terapeuta familiar. Se dio cuenta de que nuestra familia estaba mal. No estábamos cumpliendo con nuestros deberes y había mucha ira, tristeza y algunos viejos resentimientos que nunca habían sido resueltos. Me costó mucho reunir a todos mis hermanos en una habitación, pero pudimos hablar abiertamente de muchas cosas y comprendimos lo que le pasaba a cada uno. Por cierto, esto nos unió y de allí surgieron algunas buenas destrezas para resolver problemas así como la oportunidad de llevar el duelo."

"El doctor de mamá sugirió que empezara una terapia de grupo para cuidadores—las personas que cuidan de otros—y en el hospital había uno que me ayudó mucho porque escuchaba a otras personas hablar de sus experiencias acerca de sus dificultades en el cuidado de familiares enfermos," Gabriela nos dijo. "El grupo me comprendía, hacía comentarios útiles y me ayudaba a mantener la objetividad en mi relación con mamá . . . Después de algunas semanas, fui capaz de convencerla de que fuera a un grupo de mujeres. Es cierto que tenía prácticamente que 'arrastrarla por los pelos' para que fuera, pero después de cierto tiempo ¡no se perdía ni una sesión por nada en el mundo!"

Los grupos de auto-apoyo son para las personas que tienen problemas o preocupaciones similares y que quieren recibir ayuda para salir adelante. Estos grupos tienen metas o tareas específicas y no necesariamente profundizan en asuntos psicológicos. Son muy cohesivos y brindan mucho apoyo y educación. Algunos son muy conocidos—por ejemplo, Alcohólicos Anónimos (AA), Obesos Anónimos (OA), Narcóticos Anónimos (NA). Algunas personas combinan terapia individual y de grupo con el mismo terapeuta. Esto es parte de un plan de tratamiento donde el grupo sirve para resaltar otros aspectos de los problemas emocionales de la persona que están relacionados con las interacciones personales y que también toman la terapia individual.

Hay muchos otros estilos de terapia que mencionaremos tan sólo de pasada, como por ejemplo, la *terapia Gestalt,* que se concentra en la persona y su medio ambiente, y la *terapia racional emotiva conductista,* que tiene un enfoque bastante práctico y lógico. Siguen apareciendo nuevas tendencias en la terapia, así que continúa la búsqueda hasta que halles lo que funciona para ti.

EL PODER DE LA ESCRITURA: ESCRIBIR PARA SANAR

La escritura puede brindarte un eficaz apoyo en el proceso de curación: descubres cosas de ti misma, estableces prioridades y las compartimentas. Para efectos de la mejoría del estado mental, la escritura no tiene que ser un poema que rime; ni tiene que tener sentido cada párrafo. Un escrito de valor terapéutico puede ser una carta a un ser querido o al alguien que ya ha muerto a fin de verter algo de tu ira o frustración en una página, lo cual te ayudará a dedicarte de un modo más enfocado en los problema del día siguiente. Sin tener que ser una balada popular o un ensayo, el escrito puede ayudarte inmensamente con tu situación personal. Escribe cuanto puedas para sanar tu espíritu y apoyar a la terapia.

Para sacarle provecho a lo que escribes, considera los siguientes aspectos:

- Cuando vuelvas a caer en errores o situaciones inquietantes, siéntate y escríbelas, luego lee tu escrito y trata de establecer qué es lo que los conecta y qué podría haber sido diferente.
- Cuando te sientas perdida, trata de cambiar las palabras claves y sé más específica. Si descubres que estás hablando de manera vaga acerca de tu soledad, da ejemplos específicos de cuándo te sentiste sola, lo que te hizo sentir mejor o cómo crees que se originaron esos sentimientos.
- Usa tu escrito para recordar cuánto has avanzado y cómo evitar cometer el mismo error.

La escritura no puede sustituir una terapia profesional, pero puede ser una buena alternativa o adición. Lleva tu escrito a la terapia, pide comentarios y haz la tarea si el terapeuta te recomienda escribir acerca de un tema. Podrás darte cuenta del progreso en las sesiones a través de los escritos. Si decides escribir como un escape terapéutico, hay algunos aspectos que debes tener en cuenta:

1. No hagas pausas para volver a leer a menos que te ayude a seguir escribiendo. Muchas personas se frustran cuando vuelven a leer y dejan el escrito a un lado.

2. No te preocupes por los errores ortográficos o la caligrafía.

3. Escribe como hablarías con una buena amiga.

4. El aprendizaje para escribir libremente, tan libre como el pensamiento, es un proceso. Empieza escribiendo por tan solo unos minutos al día y no te censures.

5. Haz pausas cuando te sientes aliviada y reconoce que de alguna manera lo que has escrito te ha llevado a concluir que eres capaz de desahogarte y que, de alguna forma, tu cabeza está empezando a despejarse.

6. Termina tu escrito con una nota optimista.

Sé cuidadosa y evita:

- Dejar tu escrito donde otros puedan encontrarlo y leerlo sin tu permiso.
- Dejarte llevar por lo que no es verdad. Cuando te des cuenta de una mentira o falsedad, confiésalo por escrito.
- Distraerte tratando de escribir de una manera intelectual o dramática; nadie va a juzgar tu trabajo.
- Detenerte para tratar de recordar las palabras precisas que alguien dijo. Escribe lo que te acuerdes y como lo recuerdes. Siempre puedes agregar algo después.

EL YOGA CUIDA AL ESPÍRITU

M*i mejor amiga Felicia me llevó a su clase de yoga. Estaba pasando por un periodo terrible en mi vida . . . Tenía muchos problemas. Cuando llegué a la clase estaba tensa y confusa . . . salí sintiéndome ligera y despejada," Alejandra explica acerca de su introducción al yoga.*

El yoga proviene de los vedas hindúes (escrituras). La práctica y el estudio del yoga ayuda a encontrar un equilibrio entre el cuerpo y la mente, estado en el que la salud se manifiesta por sí misma.

El yoga no produce la salud; en cambio, crea un medio interno que te permite alcanzar un equilibrio dinámico. El yoga enseña que una persona sana es una unidad armónica de cuerpo, mente y espíritu. Por eso, la buena salud requiere una sencilla dieta natural, ejercicio al aire libre y una mente serena y libre de problemas. Como resultado, para muchos adeptos, el yoga se vuelve una filosofía que ofrece instrucción y comprensión de cada aspecto de la vida: el espiritual, el mental y el físico.

El yoga se conoce como una práctica física en secuencia que incluye estiramientos, respiración y relajamiento profundo progresivo. Primero se desarrolla la capacidad para apartar los sentidos del mundo exterior, luego la capacidad para concentrarse en un tema meditativo: la llama de una vela, una palabra o imagen sagrada o que eleve el espíritu, o el movimiento originado por la respiración. Finalmente, la concentración conduce a la experiencia inefable y atemporal de la paz interior. Los maestros de yoga describen variedades sutiles de estados de paz interior, pero la mayoría de nosotros aspira a lograr breves momentos de esta experiencia. Algunas prácticas de yoga tienen elementos en común, otras se enfocan más en las posturas y los ejercicios de respiración, o se centran en la espiritualidad. Cada una enfatiza un camino particular que comprende una serie de creencias, prácticas y rituales.

Hay muchos tipos tradicionales de yoga y cada año se desarrollan interesantes variantes, como el yoga en silla o yoga poderoso. La mayoría de los gimnasios ofrecen clases de yoga y hay numerosos vídeos y publicaciones que te pueden guiar también. "Cuido de mi espíritu, o alma, tanto como cuido de mi cuerpo con nutrición y ejercicio," nos dijo Alejandra. "He escogido entre muchos tipos de espiritualidad y terapia. Permanezco cristiana, pero soy una combinación en lo que respecta a mi fe y cómo cuido de mi espíritu: hago yoga, oro y medito. Tengo un altar y prendo velitas. Sé lo que me produce tensión y cómo me afecta, y sé cómo protegerme. Me he entrenado para relajarme, respirar, meditar y escuchar lo que me dice mi interior. Me siento en contacto con mi cuerpo y alma."

OTRAS ALTERNATIVAS
DE TERAPIA

Muchos de nuestros pacientes leen libros de autoayuda e intentan métodos alternativos como paso previo a la terapia. La sección de autoayuda en las librerías reboza de libros para cada tipo de persona. Por ejemplo, hay libros para las personas que tienen problemas con la autoestima; otros sobre las relaciones con nuestros padres, con nuestros hijos; con el cuerpo y hasta libros para quienes han sufrido abuso o están sufriendo de diferentes trastornos. A la gente le gusta pensar que puede ayudarse terapéuticamente a sí misma por medio de la lectura.

La *Nueva Era* es un término amplio que incluye todo, desde programas de mejoramiento personal hasta conciencia de nexos entre la mente y el cuerpo. La revista *Time* informó en 1996 que aproximadamente 44 millones de estadounidenses se identificaban con el movimiento de curación. Se calcula que estas personas gastan 1.5 billones de dólares al año en libros acerca de espiritualidad y religión. Cerca del 42 por ciento de los estadounidenses busca asistencia médica alternativa. No hay duda de que el movimiento está poniéndose de moda.

La *acupuntura* es una consagrada técnica china que lentamente está ganando aprobación en el hemisferio occidental. Se ha practicado por milenios y su eficacia se ha documentado en ciertas condiciones. Los chinos tienen una profunda comprensión del cuerpo y el espíritu, los cuales son un todo para ellos. Todo tiene dos lados, un ying (negativo) y un yang (positivo). El equilibrio entre estas dos fuerzas es lo que nos mantiene sanos. Se puede restablecer el equilibrio cuando hay enfermedad o desequilibrio, eliminando la enfermedad al colocar agujas delgadas en áreas específicas del cuerpo. La acupuntura se usa para tratar ansiedad, depresión, insomnio, dolor y trastornos de adicción.

La *aromaterapia,* que significa "tratamiento con aromas," es un tratamiento holístico que cuida del cuerpo con fragancias agradables de aceites vegetales como el de rosa, limón, lavanda y menta. Los aceites esenciales se agregan en la bañera o se utilizan en los masajes, se inhalan directamente o se esparcen para aromatizar una habitación. La aromaterapia se usa para aliviar el dolor, la tensión y la fatiga, para cuidar la piel y para tonificar todo el cuerpo. Los aceites esenciales afectan el estado de ánimo, alivian la fatiga, reducen la ansiedad y pro-

El humor, aunque no es una terapia genuina, es un maravilloso reductor del estrés y antídoto para los disgustos. La risa disminuye los niveles de cortisol, aumenta la cantidad de linfocitos T activos, el número y actividad de las células asesinas naturales, y el número de células T que tienen receptores auxiliares/supresores. En pocas palabras, la risa estimula el sistema de inmunidad, compensando los efectos inmunosupresores del estrés.

mueven el relajamiento. Cuando se inhalan, actúan en el cerebro y el sistema nervioso al estimular los nervios olfativos.

Los colores afectan el estado de ánimo y las emociones. La *terapia del color* se vale de nuestra sensibilidad al color para identificar y corregir anomalías en los patrones de energía interna del cuerpo que pueden conducir a enfermedades emocionales o físicas. Los terapeutas creen que cada órgano y sistema del cuerpo tiene su propia energía vibratoria y que las enfermedades se pueden curar al exponer todo el cuerpo o un órgano específico al color que corresponda a la energía vibratoria. Por ejemplo, el espectro rojo afecta las energías físicas, estimula y calienta. El azul es frío y limpiador, afecta las energías espirituales. El amarillo sirve de puente entre ellas y afecta las energías mentales. Los tres colores juntos proveen las oportunidades para sanar nuestro cuerpo, mente y espíritu.

La *hipnosis* con fines terapéuticos se ha vuelto un remedio popular al que acuden muchos para dejar de fumar, controlar el peso y aliviar fobias. La idea de hacer entrar a alguien en un trance profundo y sugestivo para que actúe de una manera poco convencional o de mal gusto es una exageración. La hipnosis sólo requiere que la persona esté muy relajada, en un estado parecido al trance. Con la hipnosis se han logrado diferentes niveles de éxito, dependiendo del tipo de paciente y de la naturaleza del problema.

La *visualización* se usa para relajarse o enfocar la energía y organizarse para alcanzar la meta deseada. La visualización es un proceso que pasa por varias fases antes de llegar al relajamiento, se visualiza la playa, una caminata en un ambiente natural o nadar en agua tibia. Al visualizar la meta, el proceso te ayuda a adquirir perspectivas para el futuro y eso te motiva e inspira para tomar las medidas que te llevarán hasta ahí.

La oración, la meditación, el yoga y la terapia cuidan de tu alma y de tu espíritu. La quinta creencia, acerca de la espiritualidad—sea cual sea tu concepto de espiritualidad—que puede concordar con todos los aspectos de tu vida, es la lección de este capítulo. Sin importar qué camino elijas para cuidar de tu espíritu, verás que sanarás en cuerpo, alma y mente. Sea lo que sea o quien sea la fuerza superior, ya sea un Dios o la amalgama de varios, tu rutina espiritual es benéfica tanto para protegerte de la depresión como para disiparla cuando te acosa. Debes incorporar el mantenimiento de un espíritu sano como has aprendido a hacerlo en los capítulos anteriores y creer que debes continuarlo. Mientras te ayudamos a mirar hacia el futuro, nosotros vemos que el creer en ti misma, en tu cuerpo, en tu espíritu, así como en las tradiciones, que son una fuerza innegable en tu vida de latina, te capacitará para vivir más saludable y feliz.

CREER EN LAS TRADICIONES

C reo que la riqueza de las tradiciones de la cultura latina y mi propia fuerza y buena salud pueden funcionar juntas. Creo que me fortalezco al integrar mis tradiciones en mi salud y en mis necesidades, para poder ser un todo, único sano. Creo que puedo cuidar a otros sin descuidar de mí misma; yo primero, ante todo. Creo que respeto las tradiciones al mismo tiempo que permanezco abierta a nuevas formas saludables de pensar, ser y vivir.

Considera tu sistema tradicional de creencias una por una. ¿Son realmente tuyas, o las aceptaste de tu familia sin haberlas puesto a prueba? O tal vez sea lo contrario: ¿Las rechazaste sin considerar que tal vez tuviesen algún valor? Comprender tus tradiciones y cómo te afectan para convertirte en una mujer completa, integrada y única que busca la paz, combinando elementos de los dos mundos es un gran paso adelante.

LA TRADICIÓN Y EL CAMINO
AL PODER

Cuando hablamos de la tradición, nos referimos a las expectativas de la familia y los rituales y las reglas de su cultura, sin importar si la familia es de Colombia o de Cuba. Si estás buscando una forma de cambiar—ya sea tu salud, estado mental, peso, patrones o hábitos—ciertas tradiciones ofrecen consuelo y apoyo. Pueden ser una verdadera inspiración, pero como hemos dicho repetidamente, las tradiciones también nos pueden atar las manos. Tal vez dudes en buscar la ayuda que necesitas para tratar la depresión o cualquier otra dolencia si sientes que tu cultura o tradición no lo aprueba. Por consecuencia, debemos respetar lo que es fuerte y saludable de nuestra cultura y rechazar o poner en duda aquello que no lo es, para poder ser más saludables, fuertes y sensatos.

Al final del último capítulo, recalcamos que nuestra meta es ayudarte en tu camino a integrar tus tradiciones y rituales culturales para formar una mente, un alma y un cuerpo sanos. La pregunta es, ¿cómo creces y respondes a tus necesidades emocionales y físicas, si tu cultura—que es parte vibrante de tu ser—está posiblemente en conflicto con esa meta? No hay una respuesta sencilla; se requiere respeto, integración, sinceridad, mucha información, conocimiento de sí misma y conocimiento o comprensión de tus antecedentes personales. Si estás por convertirte en una mujer decidida que permanece fiel a su cultura, debes examinar las raíces de tu comportamiento tradicional y las de tus padres y abuelos.

COMPRENDER LA TRADICIÓN LATINA

Como ya sabes, los latinos somos personas tremendamente orgullosas y celosos defensores de nuestra intemidad que luchan por mantener sus problemas dentro de los confines de la familia; la dignidad es muy importante; la unidad, el amor y la seguridad en la familia se tienen en gran estima. Los latinos están muy orientados hacia la familia y frecuentemente mantienen secretos y toleran problemas para mantener el equilibrio en el hogar. Cuando llevamos esas cualidades a los extremos, negándonos la ayuda que necesitamos cuando estamos enfermos, terminamos sufriendo innecesariamente en un intento falso por demostrar que somos fuertes.

También somos espirituales. Ya sea que creamos en Dios o en los santos u otro ser espiritual, nuestras creencias religiosas tradicionales son bastante fuertes. También tenemos tendencia a creer que nuestros problemas son castigos de Dios y que por eso se deben aguantar y tolerar, en vez de hacerles frente y solucionarlos. Nuestra confianza en una fuerza espiritual al igual que el fatalismo inherente a nuestro sistema de creencias, dificultan la búsqueda de ayuda. Por consiguiente, muchos latinos sienten que sus problemas—depresión, estrés o ansiedad—no pueden cambiar.

También tenemos fe en las curas arraigadas en nuestra tradición: nuestros rituales y plantas medicinales pueden ser fuente de fuerza y optimismo. Además, tenemos una desconfianza histórica en la comunidad médica y en los doctores, y evitamos recibir tratamientos que bien podrían aliviar nuestro dolor emocional o físico. Todas esas tradiciones crean el dilema que los latinos enfrentan en la sociedad actual cuando se trata de considerar los problemas de la salud mental.

Reiteramos que la fuerza de los latinos es la unidad familiar, en la que se encuentra el componente cultural llamado *marianismo* o hasta *hembrismo:* la figura femenina fuerte y perseverante. Esto explica la necesidad perdurable que tienen las latinas de ser madres, esposas y compañeras respetadas. Los papeles tradicionales requieren que la mujer cuide la casa, coordine las actividades en el hogar, mantenga la paz, mientras que el hombre es el representante de la familia fuera del hogar, el proveedor económico y el protector.

Una expectativa tradicional es que las latinas deben perseverar, mantener y soportar cualquier cosa porque son mujeres y ése es su papel en la familia. Éste es el síndrome llamado "la cruz que llevo," el lazo que une a las latinas a su familia, su esposo y una vida infeliz, con poca esperanza de cambio. Las latinas sienten que deben aguantar ese sufrimiento para sentirse dignas y valiosas a los ojos de su familia y su comunidad. Las mujeres latinas, debido a su educación tradicional y comportamientos aprendidos, tienden a aguantar el estrés y la ansiedad con resignación. Por esos motivos culturales, entre otros, las latinas sufren de depresión en silencio y tardan en buscar tratamiento.

EL PODER DE LA TRADICIÓN

Obligadas por la tradición, muchas latinas no buscan ayuda cuando la necesitan. "Simplemente no se hace," o "nunca haríamos eso en nuestra familia," o "¿qué va a decir la familia?" son expresiones que oímos una y otra vez en nuestro consultorio. La mayoría de las latinas tienen creencias similares acerca de sí mismas, su educación y las relaciones familiares y sociales. Tienden a vivir en función de la familia y de los amigos, tanto que suelen hacer caso omiso de sus propias necesidades para ocuparse de las de los demás. A pesar de los tiempos modernos, encontramos que las latinas jóvenes gravitan hacia las viejas tradiciones, los sistemas de valores y las creencias, aun si hace tiempo que ya dejaron de ser válidos para ellas o están pasados de moda.

Como señalamos anteriormente, las estadísticas demuestran que los latinos tienen más problemas de salud general y mayor incidencia de problemas de salud mental que otros grupos étnicos. Los latinos tratan sus problemas con más frecuencia en la iglesia, con plantas medicinales o métodos que no son tradicionales, o simplemente "aguantan," especialmente las mujeres. Anita nos dijo que ella creció creyendo que tenía que aguantar, "sonríe y aguántate," pero se dio cuenta de que esto no le servía a ella. "Sabía que mi familia me lo decía pensando en mi bien porque quería que mejorase. Creían que sólo tenía que contenerme y dejar pasar mis sentimientos, o simplemente no hacerles caso. Para mí fue un choque cuando me di cuenta de que mi madre también debió haber sufrido de depresión, pero nunca recibió ayuda, simplemente aguantó la tristeza por años. Yo no iba a hacer lo mismo y decidí buscar ayuda."

Es evidente que hay enormes variables culturales que afectan nuestro bienestar como latinas: tal vez te hayan dicho que no debes darle importancia a lo que sientes; que debes acercarte a Dios y buscar ayuda en la Iglesia; que no debes hablar de ello para que no te tomen por loca. Además, existe la difícil realidad de la asimilación e integración en una cultura diferente con particularidades, costumbres, tradiciones y expectativas diferentes. ¿Cuántos de los rasgos que has llevado a tu hogar o relación provienen de tu madre o de tu abuela? ¿Alguno de ellos te hace sentir atrapada o acorralada?

FUERZAS, DEBILIDADES Y DIFERENCIAS LATINAS

Los hispanos pasan por experiencias que les cambian la vida y los llevan a la depresión de una manera muy distinta a la de otros grupos étnicos. Hay que comprender mejor esas diferencias para no quedarnos a medio camino. Nuestra cultura y nuestras tradiciones son los lazos que nos unen, pues cada uno es diferente, pero los latinos reconocemos fácilmente estas costumbres y tradiciones en que nos formamos. Aquí exploraremos los aspectos positivos y negativos de esas tradiciones y cómo afectan nuestra salud mental, especialmente en lo concerniente a la depresión. Comentamos asuntos importantes como la aculturación y la integración; el estrés al cual nos exponemos al abandonar la tierra en que nacimos; las barreras para recibir tratamiento; los papeles tradicionales de hombres o mujeres; y la vida de las cuidadoras que toman por sentado que por ser mujeres latinas, han de dejar a un lado su amor propio.

Manifestaciones Físicas Basadas en Nuestra Tradición

Según nuestra experiencia, los latinos interpretan o manifiestan el estrés de diferente forma que otros grupos. Forma parte de tu identidad a la vez que es una manifestación física de tu respuesta particular y cultural al estrés y la ansiedad. Por ejemplo, para algunos hispanos, un "ataque de nervios" se considera una expresión cultural de depresión y ansiedad al enfrentar un acontecimiento extremadamente estresante, como la muerte de un familiar o ser testigo de un accidente. Se caracteriza frecuentemente por lloriqueo incontrolable, temblores, desmayo o colapso y ocasionalmente puede haber amnesia posterior. Los ataques pueden ser descritos como una presentación de angustia definida culturalmente sin que se les asocie con ningún trastorno mental o forma de depresión.

Otra forma de comportamiento de matif tradicional son "los nervios," término que define la vulnerabilidad producida por sucesos estresantes o a una respuesta específica a un impacto emocional angustiante; incluyen una amplia gama de síntomas físicos, como dolores de cabeza y estómago, temblores, sensación de hormigueo, mareos, trastornos del sueño, incapacidad para funcionar y tendencia a soltarse a llorar.

Además, cuando se trata de expresar el estrés emocional, hay fenómenos regionales y culturales: susto, pasmo, tripa ida, espanto, pérdida del alma, jamí, chibih o mal de ojo. Todos parecen un ataque serio de ansiedad, con un significativo componente físico y somático. Son asociados a la creencia de que el alma se ha alejado debido a un suceso espantoso. Los síntomas comunes son: sentimientos de ansiedad, problemas para dormir y comer, aquejamientos físicos como diarrea, confusión, hasta fiebre, y, en última instancia, se sienten muy deprimidos y aislados.

Nuestras Tradiciones Fundadas en Emociones, Familia e Identidad Sexual

Como latina criada con muchas de las tradiciones convencionales que le brindan notable riqueza a nuestra cultura, es muy

probable que hayas experimentado las sutiles—y a veces tor-
pes—maneras en que nuestros valores juegan un papel en la
vida diaria. Sabemos, por ejemplo, que el familismo premia
los lazos familiares y la cohesión, promoviendo la lealtad al
grupo por encima de la independencia individual. Están asociados el personalismo y la simpatía, el valor que otorgamos a
la interacción y el establecimiento de relaciones personales, lo
cual coloca una vez más a la cohesión y la armonía por encima
de todo para evitar conflictos en el grupo. Los latinos son conocidos por vivir más en función de la familia que en función
de las tareas, hasta en los negocios, aun cuando sea a costo de
una ganancia económica. Adaptamos nuestro estilo de comunicación para evitar conflictos y confrontaciones. Es decir, la
comunicación indirecta se prefiere a la comunicación directa y
usamos "las indirectas" para comunicar algo con significado
oculto. El respeto por los mayores, los padres y las figuras de
autoridad, basado en la dependencia, la diligencia, y fomen-
tado por la estructura familiar, en realidad le restan énfasis al
individualismo. Estos valores y tradiciones han pasado a través
de los siglos hasta llegar a ti, sin importar si eres latina nacida
en Estados Unidos o si viniste aquí de joven.

Hay otros valores bien conocidos, orientados socialmente
a los valores culturales que tienen cierta influencia en cómo
nos vemos a nosotras mismas en el contexto comunitario y
familiar. Desgraciadamente, muchos de ellos comprometen
nuestro deseo de buscar ayuda profesional, especialmente
cuando se trata de problemas de salud mental. Las organiza-

ciones sociales tradicionales (familia, vecinos, amigos y organizaciones religiosas) son generosas y cumplidoras a la hora de reunir a la comunidad hispana y representan un recurso alternativo para los hispanos cuando tienen que lidiar con problemas emocionales. Los aspectos positivos son obvios: tenemos tendencia a creer en nuestra familia, nuestros amigos y nuestra Iglesia. El lado menos atractivo de esto, sin embargo, puede ser que subestimemos los servicios de la salud mental y sigamos creyendo que son tabú.

Está claro que algunas de nuestras características tradicionales y convicciones culturales son positivas y levantan los ánimos mientras que otras no. Muchas de esas características se fundan en la identidad sexual: la vergüenza y el orgullo pueden obstaculizarnos abruptamente impidiendo que obtengamos la ayuda que necesitamos cuando la necesitamos. La vergüenza y el orgullo son algunas de las causas por las cuales los latinos consideran que los síntomas de la depresión son signos de debilidad y, en cambio, valoran el estoicismo, la resignación y la indiferencia al sufrimiento. Todos conocemos el término "machismo"—entre los latinos, este orgullo en la masculinidad es un poderoso factor minimizante de la gravedad de los síntomas depresivos. No se reconocen sino cuando ya no tiene remedio.

Comentamos brevemente que la migración y la aculturación ocasionan estrés y debemos hacer hincapié en el hecho de que muchos de los apoyos tradicionales se pierden durante ese proceso, especialmente el importante sistema de compadrazgo, la dependencia tradicional en una red fuera de la familia que ayuda en tiempos de necesidad, de tal manera que la familia está protegida y no cargada de problemas. Los latinos solemos usar un mecanismo de defensa para manejar los estresores; la evasión, la resignación, el fatalismo y la negación son herramientas tradicionales de nuestra cultura que al principio son eficaces pero que al fin de cuentas provocan más estrés y nos sumen en depresión.

La *amargura* (término comúnmente empleado en vez de la palabra "depresión") es otro sentimiento cultural que experimentan muchos hombres hispanos. Esta amargura es un sentimiento de desesperación profunda y angustia, usualmente acompañado de la necesidad de rememorar y suspirar por los amores perdidos, el hogar, la seguridad o la familia. En esos momentos, algunos hombres optan por ir al bar, escuchar música nostálgica y simplemente ahogan este sentimiento de amargura bebiendo. Las latinas, por el otro lado, experimentan amargura, pero en una forma atenuada llamada *nostalgia*. De cualquier forma, estas características del latino tienen un papel importante en nuestra comunidad, nuestra familia y en nosotros mismos, pero sin duda pueden obstaculizar e impedir que busquemos ayuda profesional cuando la necesitamos. Más aún, se espera que las latinas mantengan a la familia unida y completa, sin importar lo que esté pasando, y cualquier ruptura de ese patrón se percibe como una amenaza.

Era obvio que mi madre estaba deprimida, pero era casi imposible llevarla a recibir ayuda. Es muy terca y orgullosa. Primero consultó al sacerdote del barrio. Pasaron algunas semanas y seguía sintiéndose mal, entonces fue a ver a la curandera que le recomendó su comadre. Después, fue a la botica y empezó a inyectarse uña de gato que cuesta una fortuna. Intentaba en vano explicarle que necesitaba atención médica, pero ella no quería escucharme. Siempre me decía "es obra de Dios . . . ésta es mi cruz." Siempre he sido muy paciente, comprensiva y respetuosa de sus tradiciones, pero como papá ya no está más con nosotros, yo tenía que hacerme cargo. Hice una cita y la llevé a ver al doctor. Le diagnosticaron diabetes y presión alta, pero el doctor me aseguró que se podían tratar. Aunque ella se enojó conmigo y no le gustó el doctor porque era demasiado joven y gringo, ahora se siente mejor.

—Gabriela, 42 años de edad, separada, mexicana-
americana, primera generación estadounidense, vive
en Chicago y está empleada como ama de llaves.

La Tradición y la Cultura de la Migración

Una tradición que inexorablemente une a todas las latinas sin importar de dónde vengan, es la experiencia de la inmigración. Tal vez tú no seas la que inmigró, pero la experiencia cultural te afecta con tanta frecuencia como si lo hubieses hecho. Tal vez tus padres hayan venido de Puerto Rico o de la República

Dominicana; quizás fueron tus abuelos o tus bisabuelos quienes tomaron la decisión de dejar su hogar y empezar de nuevo, aunque se les desgarrara el corazón. Tal vez llegaste aquí, cuando apenas eras un bebé, en los brazos de tu madre; o tal vez llegaste el año pasado. Pero sea como sea, la experiencia fue estresante y pudo haber ocasionado lo que comúnmente se llama *choque cultural, estrés de aculturación* o *fatiga cultural.* Estas formas de estrés y cambios culturales pueden generar tensión en una persona, causándole un deterioro de la salud mental.

Unos estudios han demostrado que la barrera del idioma, la falta de contacto con la familia y los amigos y el enfrentarse a nuevas costumbres y tradiciones pueden inhibir la adaptación al nuevo país. A esto nos referimos cuando hablamos de *nivel bajo de aculturación;* algo que a su vez puede provocar una baja en la autoestima y aumentar la inseguridad, con estrés psicológico adicional. Otros estudios han encontrado que los *niveles altos de aculturación*—más positivos en apariencia—conducen a la adopción de tradiciones, normas y costumbres del nuevo país, y ese distanciamiento de la cultura y comunidad tradicional de origen también pueden plantear problemas, suscitando sentimientos de odio hacia sí mismo y la interiorización de actitudes de prejuicios y estereotipos. Si has tenido éxito en tu asimilación, ¿te has sentido alguna vez culpable de no mantener algunas de las tradiciones con las que creciste y que ahora has desechado?

El contexto en el que alguien deja el país de origen puede a su vez afectar directamente la manera en que una persona se adapta al nuevo país. El hambre, la guerra, los disturbios sociales y los desastres naturales son factores que llevan a separaciones abruptas y traumáticas de la tierra natal. Aunque la llegada a Estados Unidos es causa de alegría y felicidad, la mudanza estará matizada casi indudablemente por la amargura y un sentimiento de pérdida. Otro factor importante es la recepción en el país anfitrión, la comunidad de familiares presentes, la acogida de nuevos inmigrantes y la facilidad de introducción en la nueva comunidad y su estructura. Los inmigrantes que ingresan a Estados Unidos en un nivel bajo de la escala socioeconómica padecen de elevados niveles de estrés que son asociados directamente a la dificultad de aculturarse y que pueden llevar a la depresión.

La Tradición del Silencio

Tal vez te sientes presionada para obrar bien y ser eficiente, como le pasaba a Consuelo, a quien conocimos al principio del libro; quizás te sientes culpable por los apuros que pasas si temes que repercutirán en la imagen de tu familia. A lo mejor sientes resentimiento por no poder ser tan despreocupada como tus compañeros, o tal vez estés desconcertada porque tus errores pueden resultar muy dolorosos para tus padres. De hecho, es probable que tus padres no te hayan contado los pormenores de su decisión de venir a este país; ni te hayan contado sus historias de injusticia y humillación, soledad y pobreza. O tal vez te lo hayan dicho y lo repiten una y otra vez. Es importante que comprendas tu papel en el contexto de las experiencias migratorias de tu familia si estás considerando tu propio futuro y tu salud. Cuando Consuelo empezó a reflexionar sobre su familia y sus tradiciones, conversó con el doctor Jorge acerca de la llegada de su familia a los Estados Unidos. "Pensé que mamá y los abuelos habían venido aquí juntos, imaginaba verlos mirando el horizonte a través de la ventana al llegar a Estados Unidos. Mucho más tarde, conversando con abuela, me di cuenta de que no fue así. La situación en Honduras era terrible. Mi abuela nos cuidaba, a mis hermanos y a mí, mientras mamá llegó aquí ¡completamente sola! Trabajó como niñera, a pesar de ser farmaceuta. Abuela la recuerda diciendo cuánto amaba a esos niños, en parte debido a que nos extrañaba demasiado. Ahorraba para enviarnos dinero. Nunca aceptó la asistencia pública y trabajó arduamente toda su vida. Sé que sentía nostalgia y no me puedo imaginar cómo vivió durante todo ese tiempo."

Consuelo empezó a examinar cómo su pasado afectó su crecimiento y su autodefinición como latina emprendedora del siglo veintiuno. Este fue el primer paso hacia le conucimiento de los factores que formaban parte de su depresión. Aunque éste es el relato de Consuelo, bien podría ser la historia de cualquier otra familia de inmigrantes de México, Bolivia o Ecuador.

El Efecto de la Experiencia de tu Familia

Tal vez no seas tú la que dejó su tierra para emigrar a este país, pero consciente o inconscientemente, como ya hemos señalado, la mudanza de tu familia te afecta. Dicho en otras palabras, tus padres o abuelos experimentaron el estrés de la migración; luego, tratando de echar raíces aquí, sintieron el estres de la aculturación. De su experiencia has recibido ciertos patrones y creencias—tradiciones silenciosas—que podrían estar en conflicto con tu personalidad o estilo de vida. Si esta herencia te impide seguir adelante en la vida u obstaculiza tu felicidad, es hora de examinarla.

Consuelo nos explicó: "Supongo que debido a las luchas políticas y económicas que había cuando mamá era joven, ella se preocupaba mucho porque no sabía si tendría qué darnos para la siguiente comida, así que, mientras yo crecía, la comida era un tema emocional en casa. Mamá le daba de comer a cualquiera que nos visitara, ¡no importaba si tenía hambre o no! Me quedé con la idea de que debía tener comida preparada a toda hora. Como mamá, me preocupaba cuando no había reservas de alimentos en la despensa. Cuando me di cuenta del origen de mi obsesión por la comida, me sentí aliviada porque podía dominarme y dejar de ser tan obsesiva." Consuelo finalmente hizo la conexión y pudo reconciliarse con su presente al comprender más claramente el pasado de su madre.

INTEGRAR LO QUE FUNCIONA; ELIMINAR LO QUE NO FUNCIONA.

Una de tus metas como latina del siglo veintiuno es integrar toda la belleza de tu cultura tradicional en tu nuevo y más moderno sistema de creencias. Este sistema de creencias que te dará fuerzas para ser una mujer más saludable y feliz. Por supuesto, da más trabajo eliminar lo que ya no tiene valor en tu vida, particularmente si está engranado con la tradición cultural. Queremos señalar aquí que muchos de los valores tradicionales que nuestras familias traen de sus países de origen son esenciales para mantenerte fuerte aquí y ahora, en la vida moderna del siglo veintiuno: el amor por la familia, el respeto por los demás y la dignidad por encima de todas las cosas. El desafío, entonces, consiste en ser capaz de discernir entre lo que es valioso y lo que no, lo que se debe usar, celebrar y pasar a las futuras generaciones y lo que podría ser obstáculo para colmar tus necesidades, anhelos y deseos—es decir, tu futuro.

La cultura hispana se remonta siglos atrás y abarca una serie de valores, costumbres y tradiciones sólidas y nobles. No pierdas de vista esos valiosos bienes en este país extranjero y nuevo, y sé flexible y adaptable para conservar lo positivo y abandonar lo negativo. Sin embargo, y a pesar de todos nuestros esfuerzos, los latinos todavía tienen algo de desventaja—todavía somos una minoría, aunque en algunos lugares seamos una minoría mayoritaria. Tenemos que seguir valorando lo nuestro mientras asimilamos lo bueno de la nueva cultura que nos rodea. No importa lo que hagamos, nuestras tradiciones y cultura tendrán un impacto y afectarán la forma en que experimentamos la vida diaria.

Como latina investida de poder, muchas veces te comportarás según tus tradiciones, pero siempre estarás dispuesta a modificar tu conducta para adaptarte a la situación presente. Tu estilo y enfoque de la vida será ciertamente diferente al del resto de la población americana. Debes expresar tu opinión e informarles a todos que tu manera de enfrentar las cosas es propia y que te deben respetar y valorar por ello. La depresión, el alcoholismo, el SIDA, el consumo de tabaco y otros muchos factores de tipo social, relacionados con la salud, afectan a los latinos de manera diferente que al resto de la población. Debes seguir informándote sobre esas diferencias para convertirte en una consumidora y ciudadana educada y, lo más importante de todo, para cuidar de ti misma y de tus seres queridos. Consuelo y Gabriela examinaron sus tradiciones y averiguaron cuáles eran motivo de inspiración y cuáles ya no eran parte de sus vidas. Has aprendido en este capítulo que puedes integrar la tradición y las expectativas para ser una persona completa y única. Puedes elegir cuidar de los demás sin dejar de cuidarte a ti misma ante todo; puedes respetar la tradición al mismo tiempo que permaneces abierta a nuevas formas saludables de pensar y vivir. No tienes que sucumbir al sentimiento de que no puedes ser mejor, más fuerte y más informada simplemente porque es tu papel preestablecido a los ojos del mundo, de la comunidad o de la familia.

HONRAR LA TRADICIÓN, CONTEMPLAR EL FUTURO

Definitivamente vale la pena conservar algunos valores familiares y culturales: esto lo decimos sin lugar a dudas y sin reservas y lo seguiremos repitiendo. La latina del siglo veintiuno elige los valores que funcionan para ella y los incorpora en su realidad. Los valores tradicionales que son altamente estimados en nuestra sociedad son: el amor a la familia, el respeto por los demás y la dignidad por encima de todo. Como mujer moderna, lucharás por equilibrar las tradiciones del mundo antiguo con las expectativas del mundo moderno, establecerás cuáles son los elementos positivos de ambas y los combinarás para respetar y estar a tono con el pasado y tu visión del futuro. La latina del siglo veintiuno será firme y al mismo tiempo será femenina, ayudará a otros, no permitirá la dependencia mutua, y nunca pondrá en segundo plano su salud o autoestima tan sólo por adaptarse a los demás. No se sentirá culpable por querer a alguien. No se sentirá menos "moderna" porque le guste cuidar de otros. No se avergonzará de disfrutar ser ama de casa y madre. No sentirá que es mala madre, novia, esposa o hermana si logra lo que anhela y está satisfecha. No se sentirá demasiado bien vestida para su barrio o que no está ataviada adecuadamente en una fiesta, ni que está representando mal a su comunidad. La mujer moderna no predicará hasta la saciedad los puntos de vista políticamente correctos acerca de la cultura latina, pero no tolerará estereotipos. Cada latina elige su preferencia sexual, si es madre o si no tendrá hijos. Reconocerá las dinámicas patológicas en la familia y rehusará a dejarse llevar por ellas. No insistirá en hacerlo todo; delegará con desenvoltura y no se sentirá culpable por ello. Las latinas seguras serán capaces de discernir entre una familia entrometida y una familia que se preocupa por sus miembros. Crearán una red de conexiones fuera de la familia, sabiendo que esto no le resta importancia a la familia. Optarán por la terapia y con ella ganarán nuevas perspectivas, aun cuando haya que contarle asuntos privados a un desconocido.

Así que, como latinas, esforcémonos por mantener lo que es fuerte y noble, y proyectemos estos valores a las nuevas generaciones. Vamos a deshacernos de todo bagaje anticuado e inútil. Al abandonar las tradiciones desgastadas e ineficaces, nos fortaleceremos para servir como ejemplo de lo mejor de la cultura antigua y de la nueva. Un profundo conocimiento y comprensión de nuestro pasado y respeto por la cultura latina nos fortalecerá y nos llevará a darnos cuenta de que sí somos capaces de reconocer las señales y los síntomas de una depresión, lo que nos permitirá buscar la ayuda necesaria para vivir una vida más plena y más saludable.

CREER EN EL FUTURO

Creo que puedo alcanzar y mejorar mi futuro. Me cuidaré a mí misma de tal forma que pueda ser feliz, saludable y, por ende, capaz de cuidar mejor de mis seres queridos. Seré generosa con los que me rodean, pero no a costa de mi salud, mis sueños o mi futuro. Creo en mi futuro como latina moderna, saludable y fuerte.

Mírate en el espejo. ¿Eres la misma mujer que eras cuando tomaste este libro por primera vez? Tal vez lo seas. Quizás no. A lo mejor estás camino al cambio y estás devorando *Las Siete Creencias* con deleite y haciéndolas parte de tu vida. O tal vez, tu lectura sea vacilante porque, como sabemos, un cambio es un reto y a veces es difícil. Es posible que cada vez que pases una página, tengas que regresar y volver a leer. Sea como sea, tu creencia innata e inherente en el futuro—tu futuro, un futuro con salud mental y física y de felicidad, sabiendo que menos de eso no te mereces—es lo que te condujo a *Las Siete Creencias.* Te ocurre, como a millones de personas antes que tú y a todas las mujeres que has conocido en este libro, que has llegado al momento de creer que puedes crearte un futuro mejor.

Como sabes, la depresión es una enfermedad que te afecta por completo; afecta tu mente, tu cuerpo, tu espíritu y tu naturaleza: toda tu salud sistémica. No se trata sólo de "controlarse" o de "dejarlo pasar." Buscar la ayuda que te mereces significa que crees en la posibilidad de cuidarte, de ser feliz y de estar sana, y que por consiguiente, puedes cuidar mejor a tus seres queridos, ya sea tu madre, hijos o amigos.

La historia de María y la de otras mujeres de las que hemos hablado son historias que han terminado con éxito. Ellas son prueba viviente de que la depresión en los latinos se puede tratar, sin dejar por eso de valorar y honrar sus tradiciones, cultura, familia y espíritu. Cualquiera de estas mujeres podría ser tú o tu hermana; son mujeres que sufren de depresión, algunas de las cuales mejoraron con los medicamentos y la terapia adecuada. Fueron capaces de asimilar *Las Siete Creencias* e incorporarlas en su proceso de recuperación. Fue cuando María empezó a creer en sí misma, descubrió las señales, aprendió acerca de los cambios y cultivó su espíritu, que fue capaz de terminar su recuperación con optimismo hacia el futuro. María recuperó el control de sí misma y de su vida; no se había dado cuenta de que era su derecho. Integró su mente, su cuerpo y su espíritu. Se sintió completa y sana. Contempló su futuro. Como ella dice, "Pienso en el pasado y me doy cuenta de que estaba deprimida y abatida. Manifestaba todas las señales clásicas de la depresión, pero no creía en mí misma ni tampoco sabía lo que sé ahora acerca de la depresión. No me daba cuenta de que necesitaba cuidar de mi cuerpo y cultivar mi espíritu. Una vez que acepté estas creencias me fue más fácil enfrentar mis problemas y hacer los cambios necesarios. La barrera más dura de romper fue aceptar que necesitaba ayuda y no desistir. Ahora mi vida es más completa y equilibrada. Puedo cuidarme verdaderamente y también a los que me rodean sin sentirme perdida o abrumada. Reconozco que soy importante y que mi futuro es importante ¡y esto es maravilloso!"

No todos tienen el valor y la resistencia para proseguir por el arduo camino de la recuperación. Muchas personas vacilan, dejan el tratamiento y continúan sintiéndose deprimidas o vuelven a recaer en una depresión. Si puedes integrar estas creencias en tu vida, el camino a la buena salud mental se alisará. El tratamiento de la depresión es posible, pero no es una empresa fácil. Isabel luchó, enfrentó sus problemas y cambió muchos aspectos de su vida a fin de llegar a ser lo que es. Aceptó su cuerpo, su espíritu y la necesidad de cambiar lo que era preciso cambiar. Reconoció que estos aspectos eran cruciales para su recuperación y creyó en ellos para lograr su meta: un futuro saludable y brillante para ella y sus seres queridos.

Después de ocho semanas de tomar el antidepresivo, Isabel le dijo al doctor Petit, "Ahora me siento mejor. La medicina no me adormila: en realidad, me siento más yo misma y seguiré tomándola durante algún tiempo. La terapia y el relajamiento me han ayudado a estar más segura de mí misma, más entusiasta. Estoy más en contacto con mis sentimientos, mis emociones y también con mi cuerpo. Acabo de empezar a dirigir un grupo de apoyo para mujeres latinas. Son seis. Me encanta ir a trabajar y luego estar con mis hijos y mi esposo. Me puedo concentrar en el trabajo; es más, estoy pensando en volver a la universidad para obtener una maestría en educación. Ahora puedo vislumbrar un futuro, sí que hay luz al final del túnel. Es verdad lo que decía mi abuela: 'No hay mal que por bien no venga.' Ahora sé que no estoy loca, y ya no me siento loca; pero no me malentienda, todavía me pongo triste, todavía me enojo . . . También tengo días difíciles como cualquier otra persona."

Es posible que nunca sufras de depresión, pero ten presente las estadísticas: una de cada cuatro mujeres experimentará depresión clínica en un momento dado en su vida, y este número es más alto entre las latinas. Así que aunque no estés deprimida, seguro que uno de tus seres queridos la padecerá. Tal vez tu hermano, tu esposo o tu primo se sientan deprimidos y se alejen de ti y de la familia. Tal vez te suceda como a Alejandra, que te des cuenta de que estás deprimida y necesitas ayuda. "Después de estar aguantándome, recordé que Dios dijo 'ayúdate y yo te ayudaré.' ¿Cómo me podía ayudar Dios?" preguntó Alejandra. "Pues dándome fuerzas para buscar soluciones y hablar acerca de lo que me pasaba por la mente y no reprimir lo que siento. Hablo con mi terapeuta aunque mamá siga en contra de que yo le cuente los secretos de familia a un extraño . . . 'Ella no es una extraña, mami, ¡es mi terapeuta!' le digo. Mis hijos están felices porque recuperaron a su madre. Mi hija acaba de cumplir nueve años y mi hijo tiene diez. Voy al gimnasio y escribo en mi diario cada día y esto realmente me ayuda muchísimo. La semana pasada, una amiga mía me confesó que había estado decaída durante el último mes, y al notarlo, se lo dije. Acabé ayudándola a obtener ayuda. Supongo que lo importante es mantenerse informada y sentirse con la fortaleza para ayudarse a sí misma y a los demás. Si ella me necesita, ahí estaré para ayudarla, pero primero tiene que creer en sí misma. Yo me siento mucho mejor, hasta más feliz. Me siento estupendamente. Perdí peso y guardo la línea. Hago ejercicio y relajamientos; dedico el tiempo para cuidarme a mí misma. Duermo mejor. Mis relaciones son más saludables. Tomo mi medicamento y veo al doctor Jorge una vez al mes y también veo a la doctora Belisa con regularidad. Quiero ayudar a otros y realizar mi potencial. Estoy orgullosa de ser cubano–americana y todo lo que esto aporta a mi vida, pero también estoy orgullosa de ser ciudadana estadounidense.”

LAS REGLAS DE LA LATINA MODERNA

En nuestra cultura, el concepto del marianismo tipifica el papel de la mujer tradicional latina y cómo ella se percibe a sí misma. Dentro de este contexto las mujeres latinas son sufridas; se les enseñó a anteponer las necesidades de otros a las suyas y no luchan por cambiar su vida. Sandra Guzmán, autora del maravilloso libro *The Latina's Bible,* describe la belleza nata y la fuerza de la latina moderna; este libro te anima a hacer cambios en tu vida, a reevaluar tus tradiciones y a poner en primer lugar tus necesidades mientras buscas fortalecer tu futuro y a ti misma. Nosotros creamos las Reglas de la Latina Moderna con la fuerza de la latina moderna en mente; la intención es que sirvan de guía a las latinas que desean permanecer fieles a su herencia, al mismo tiempo que se adaptan a la vida moderna, llevando una existencia saludable y equilibrada en la sociedad moderna de hoy en día. Estamos seguros de que las Reglas de la Latina Moderna definen con acierto el papel de la mujer latina del siglo veintiuno en los Estados Unidos. Al haber leído *Las Siete Creencias,* ¿sientes que empiezas a reconocerte en estas descripciones mientras avanzas hacia una vida más plena y saludable?

Identidad

La latina moderna encuentra consuelo en su identidad única. Somos mujeres. Somos latinas. Somos heterosexuales, gay, bilingües, monolingües, de cuarta generación, inmigrantes, rubias, gruesas, delgadas, morenas, negras, blancas. Nuestra diversidad colectiva e individual es una fuerza, no una debilidad. Caminamos con orgullo por el mundo, sin traicionar nuestra identidad; más bien, nos sentimos cómodas con lo que somos: una mezcla maravillosa de valores tradicionales y fuerzas modernas, pasión y fe. Caminamos por pasillos universitarios o por los despachos de compañías de la misma forma en que caminamos por nuestros barrios, con la certeza de que ocupamos el lugar que nos corresponde. Cada una de nosotras decide cómo vestirse, comportarse y hablar. En nuestras vidas personales y profesionales no nos cohíben ni las tradiciones ni los estereotipos.

Tradición

La latina moderna equilibra los valores tradicionales con las ambiciones modernas. Equilibramos las tradiciones del mundo antiguo con las expectativas del mundo moderno, combinando los elementos positivos de ambos mundos. Necesitamos estar en paz respetando el pasado y cultivando nuestra propia visión del futuro. En un mundo donde los ingresos de una familia dependen de dos personas, no deberíamos avergonzarnos de comprar latas de frijoles en vez de poner a remojar frijoles la noche anterior y cocinarlos justo para la comida. Del mismo modo, no deberíamos dejar que las fobias nos impidan delegar tareas. Si no tienes tiempo para lavar la ropa, envíala a la lavandería. Si estás ganando dinero y cuidando a tus hijos, tienes el derecho de hacerte la vida más fácil, así como de proteger tu salud y tu bienestar mental.

Individualismo

La latina moderna lucha por el individualismo y la independencia espiritual. Tenemos la oportunidad de elegir carreras y también de elegir pareja. Tener una pareja o un esposo tal vez pueda ser importante para nosotras, pero también es perfectamente aceptable si no es preciso. Tal vez elijamos ser solteras. Quizás elijamos usar un anillo de casada bodas, o no. Si tenemos pareja, debemos ser emocionalmente capaces de ser una verdadera pareja moderna que aporta a la relación mientras conserva su independencia de espíritu. Debemos cuidar de no ensimismarnos en nuestra relación. Debemos estar preparadas a ser independientes económica y emocionalmente por si perdemos a la pareja, ya sea por muerte o divorcio.

Prodigar Cuidados

La latina moderna cuidará de los que la rodean, pero pondrá en primer lugar sus propias necesidades y su salud física y emocional. Prodigar cuidados no significa solamente cuidar de alguien, también significa cuidarnos a nosotras mismas. Las latinas, como ya hemos dicho anteriormente, somos madres, parejas, esposas, hermanas, sobrinas, abuelas, nietas, tías muy responsables, y tenemos una fuerte tendencia a postergar nuestras necesidades, ya sean físicas, médicas o emocionales. A la latina moderna le importa mucho su familia, y ésa es la razón por la cual ella debe anteponer su bienestar emocional, su salud física y su seguridad a todo lo demás. No hay ninguna razón para que miles de latinas mueran de SIDA, diabetes y enfermedades del corazón; no hay honor en dejar a los hijos sin madre, al padre sin hija y dejar solo a nuestro compañero o esposo. La latina moderna se educa y se cultiva, y se permite el descanso que necesita cuando lo necesita.

Es importante recalcar que no nos deberíamos sentir culpables porque adoramos a nuestros hijos, hacemos pasteles para la Navidad o porque hacemos la vida más simple para nuestra pareja, siempre y cuando no nos lastimemos en el proceso.

Propósitos en la Vida

La latina moderna lucha por realizarse. Ser completa implica encontrar el lugar que quieres ocupar en este mundo. Si tu verdadero deseo es ser ama de casa y educar a tus hijos, entonces hazlo, lucha por ello y por conseguirlo con toda la energía y con todas tus fuerzas. Si todavía no conoces tu verdadero deseo, permítete descubrirlo. La latina moderna hace todo lo que puede por alcanzar su meta en la vida, por seguir lo que le dicta el corazón y por realizar su potencial. Realizar tu potencial es la mejor manera de demostrar agradecimiento—a una fuerza superior, a tu familia o a un mentor querido—por esta vida fascinante que poseemos.

El Sexo

La latina moderna es parte igual en las relaciones sexuales. Los humanos son los únicos seres que tienen relaciones sexuales simplemente por placer. Disfrutar del sexo es nuestro derecho de nacimiento. Trabajamos arduamente, nos sacrificamos, tenemos responsabilidades en la vida y definitivamente merecemos tanto recibir como dar placer sexual. No deberíamos permitir que nadie nos haga sentir sucias tan sólo por querer tener una vida sexual placentera. La latina moderna es al mismo tiempo femenina y firme; se comunica tanto dentro del dormitorio como por fuera. El sexo debe hacerte sentir bien; hacer el amor debe hacerte sentir aún mejor y lo más importante, tienes el derecho a usar anticonceptivos. Es tu derecho exigirle al hombre que use un condón.

El Respeto y los Papeles del Hombre y la Mujer

La latina moderna se respeta lo suficiente como para exigir respeto de los demás, hombres o mujeres. La entereza empieza en el respeto a una misma: debemos empezar a respetarnos si esperamos y exigimos ser respetadas por los demás. Debemos recordar que todos fuimos creados iguales; en las relaciones ambas partes ceden para que haya un equilibrio. No recae en la mujer ser la que tiene que dar todo y no recibir nada. La latina moderna establece límites; ella y su pareja se ponen de acuerdo acerca de las costumbres que consideran valiosas y se esfuerzan por mantener una relación franca y abierta al diálogo. El amor debe fortalecernos, no hundirnos: si no andas con la cabeza en alto, fíjate tanto en tu relación como en ti misma.

Apoyo

La latina moderna sabe cuándo pedir ayuda; no duda ni se avergüenza cuando necesita ayuda en algún aspecto de su vida. Si no trabajáramos todo el día ni criáramos hijos, ni cuidáramos de nuestros padres envejecidos, ni aportáramos nada a nuestra comunidad y tampoco lucháramos por alcanzar un equilibrio en un mundo tan ajetreado, tal vez podríamos avanzar sin tener que pedir ayuda. Sin embargo, no es así; y aun si pudiéramos, no deberíamos hacerlo. Debemos delegar responsabilidades y no sentirnos culpables. Debemos buscar ayuda cuando la necesitamos, ya sea de amigos, la familia, los seres queridos o los compañeros de trabajo. La capacidad para delegar responsabilidades es una destreza muy preciada en el mundo de los negocios y debería serlo en nuestros hogares también.

Apoyo Emocional

La latina moderna da y recibe apoyo emocional de sus amigos, compañeros de trabajo y expertos. No hay duda de que el aislamiento conduce a la depresión. Cuando compartimos con otros nuestros sentimientos más íntimos, frecuentemente descubrimos que ellos también pasan por las mismas pruebas y tribulaciones que nosotros, o tal vez peor. Pero si no compartimos nuestros sentimientos con las personas a quienes amamos—inclusive con los que no son parte de la familia—los engañamos en una parte de la relación que es muy importante. No necesitas relatar con lujo de detalles lo del cáncer de colon de tu madre o tus problemas matrimoniales, pero sí puedes comentar con una amiga que tu madre está enferma y que necesitas cuidarla. O que tú y tu marido no se llevan bien. Te sorprenderán la compasión y el apoyo que recibirás.

Cambio

La latina moderna tiene fe, fuerza y valor para efectuar los cambios que mejorarán su vida. Nos habrás escuchado repetirlo muchas veces: el propósito de vivir es crecer y cambiar; es amar y ser amada; esforzarse por tener salud, felicidad, equilibrio y fortaleza. Cuando la vida se convierte en una lucha insoportable, nos aguantamos, oramos, nos quejamos o maldecimos a lo que creemos ser la causa de nuestras tribulaciones. Pero como dice el dicho, "Ayúdate que Dios te ayudará," es decir, la acción—el cambio—es la única manera de acabar con el sufrimiento. Poco a poco, se puede superar cualquier situación. Tal vez no llegues a ser una estrella de cine, pero si te gusta actuar, podrías empezar por tomar clases de actuación. ¿No estás conforme con tu peso? Empieza a hacer ejercicio. ¿Tienes problemas con tu suegra? Pídele consejo a algún amigo o amiga que sabes que se lleva bien con la suya, o habla con un consejero. Sé creativa. *Hazte cargo.* Hacer un cambio es difícil, no imposible. Y si estás metida en líos, lo mejor que puedes hacer es pedir consejo a quienes han pasado por experiencias similares. Lee e infórmate, o busca ayuda profesional. Los consejeros y terapeutas están para enseñarte a mejorar tu vida mediante un cambio.

SÉ RECEPTIVA A "LAS SIETE CREENCIAS" Y A TU FUTURO

La depresión te puede hacer sentir agotada, sin valor, desamparada y sin esperanza. Los pensamientos negativos y sentimientos negativos pueden hacer que te des por vencida. Es muy importante darse cuenta de que la visión pesimista y la ausencia de esperanza para el futuro son parte de la depresión y desaparecerán cuando la depresión se disipe. Comúnmente, esos pensamientos no reflejan tu situación real en la vida o las metas y aspiraciones que tienes por delante. Es muy importante seguir los pasos del tratamiento del que hemos hablado y que pueden ayudarte a enfrentar la depresión. Debes tener en mente que cuando el tratamiento empiece a tener efecto, esos sentimientos, pensamientos y molestias empezarán a desaparecer.

Les aseguramos a las pacientes que la depresión no es una cruz que tienen que cargar. Por lo contrario, les ofrecemos tanto a ti como a ellas, estas siete creencias, una combinación de los pensamientos más convincentes y sugerencias que son el resultado de cientos de tratamientos a mujeres como tú. Vuelve a leerlas, apréndetelas de memoria, cámbialas a tu conveniencia, acéptalas y apréciales, síguelas y hazlas parte de tu ser.

CREENCIA #1: CREER EN TI MISMA

Creo que tengo el poder de educarme y de cambiar mi situación. Creo que puedo unificar mis necesidades espirituales, personales y psicológicas, e integrarlas al mismo tiempo que honro mi herencia y mis tradiciones culturales. Creo que debo cuidar de mi cuerpo y de mi alma. Creo que puedo cuidar de otros sin perjudicar mi futuro y mi bienestar emocional. Creo que, como latina investida de poder, tengo derecho a la salud emocional y a la felicidad.

CREENCIA #2: CREER EN LAS SEÑALES

Creo que puedo reconocer acertadamente las señales y síntomas de la depresión en mí y en los demás. Creo que puedo aprender a comprenderme mejor. Creo que puedo ganar perspectiva y hacerme más fuerte. Creo que puedo obtener la información que necesito para mantenerme a mí y a los que me rodean física y mentalmente saludables.

CREENCIA #3: CREER EN EL CAMBIO

Creo en el cambio. Creo que puedo superar la adversidad. Creo que puedo crear un cambio positivo que estará en armonía con mi herencia cultural. Creo que puedo cambiar mi entorno y superar mi dolor y mi enojo. Creo que tengo el poder, el deseo y la información que necesito para mejorar mi vida.

CREENCIA #4: CREER EN TU CUERPO

Creo que tengo control sobre mi cuerpo. Creo que puedo amar mi cuerpo, alimentándome y manteniéndome saludable. Creo que mi cuerpo y mi salud—física, mental y espiritual—están entrelazados y son parte esencial de lo que soy como latina investida de poder.

CREENCIA #5: CREER EN EL ESPÍRITU

Creo en mí misma y en mi familia y elijo vivir la vida de una manera espiritual que abarca todos los aspectos de mi vida.

CREENCIA #6: CREER EN LAS TRADICIONES

Creo que la riqueza de las tradiciones de la cultura latina y mi propia fuerza y buena salud pueden funcionar juntas. Creo que me fortalezco al integrar mis tradiciones en mi salud y en mis necesidades, para poder ser un todo, único y sano. Creo que puedo cuidar a otros sin descuidar de mí misma; yo primero, ante todo. Creo que respeto las tradiciones al mismo tiempo que permanezco abierta a nuevas formas saludables de pensar, ser y vivir.

CREENCIA #7: CREER EN EL FUTURO

Creo que puedo alcanzar y mejorar mi futuro. Me cuidaré a mí misma de tal forma que pueda ser feliz, saludable y, por ende, capaz de cuidar mejor de mis seres queridos. Seré generosa con los que me rodean, pero no a costa de mi salud, mis sueños o mi futuro. Creo en mi futuro como latina moderna saludable y fuerte.

Lecturas y
Recursos Recomendados

LIBROS

Balch, James y Phillis Balch. *Prescriptions for Nutritional Healing: A Practical A-Z Reference to Drug-Free Remedies Using Vitamins, Mineral, Herbs, and Food Supplements.* Nueva York, Avery Penguin Putnam, 2000.

Bass, Ellen y Laura Davis. *The Courage to Heal: A Guide for Women Survivors of Sexual Abuse.* Nueva York, Harper Perennial, 1994.

Beattie, Melody. *Codependent No More: How to Stop Controlling Others and Start Caring for Yourself.* Center City, Minn., Hazelden Information Education, 1996.

Boston Women's Health Book Collective. *Our Bodies, Ourselves for the New Century: A Book by and for Women.* Nueva York, Simon & Schuster, mayo 1998. (En español, *Nuestros cuerpos, Nuestras Vidas,* mayo 2000.)

Brown, Byron. *Soul Without Shame: A Guide to Liberating Yourself from the Judge Within.* Boston, Shambala Publications, 1999.

Cameron, Julia. *The Artist's Way: A Spiritual Path to Higher Creativity.* Nueva York, J.P. Tarcher, 2002.

Carlson, Karen J., Stephanie A. Eisenstat y Terra Ziporyn. *The Harvard Guide to Women's Health.* Cambridge, Mass., Harvard University Press, 1996.

Carter, Rosalynn y Susan K. Golant. *Helping Yourself Help Others—A Book for Caregivers.* Nueva York, Random House, 1994.

Cash, Thomas E. *What Do You See When You Look in the Mirror? Helping Yourself to a Positive Body Image.* Nueva York, Bantam, 1995.

Cisneros, Sandra. *House on Mango Street.* Nueva York, Vintage Books, 1991.

Comfort, Alex. *The New Joy of Sex and More Joy of Sex.* Nueva York, Pocket Books/Simon & Schuster, 1998.

Dalai Lama. *The Art of Happiness: A Handbook for Living.* Nueva York, Riverhead Books, 1998.

Danqua, Mei Nana–Ama. *Willow Weep for Me: A Black Woman's Journey Through Depression: A Memoir.* Nueva York, W.W. Norton & Company, 1998.

Davidds–Garrido, Yasmin. *Empowering Latinas: Breaking Boundaries, Freeing Lives.* Roseville, Calif., Penmarin Books Inc., 2001.

Delgado, Jane. *Salud: A Latina's Guide to Total Health.* Nueva York, Rayo/HarperCollins, 2002.

Domar, Alice y Henry Dreher. *Self-Nurture: Learning to Care for Yourself as Effectively as You Care for Everyone Else.* Nueva York, Penguin USA, 2001.

Epps, Roselyn P. y Susan C. Steard, editoras. *The Women's Complete Healthbook.* Nueva York, Delacorte Press/Bantam Doubleday

Dell Publishing Group y American Medical Women's Association, 1997.

Epstein, Mark. *Thoughts Without a Thinker: Psychotherapy from a Buddhist Perspective*. Nueva York, Harper/Collins, 1996.

Fischman, Yael. *El lenguaje de la sexualidad para la mujer y la pareja*. San Francisco, Volcano Press, 1992.

Fuerstein, Georg. *The Yoga Tradition: Its History, Literature and Practice*. Prescott, Ariz., Hohm Press, 1998.

Gannon, Sharon y David Life. *Jivamukti Yoga: Practices for Liberating Body and Soul*. Nueva York, Ballantine Wellspring, 2002.

Gil, Rosa Maria y Carmen Vasquez. *The Maria Paradox*. Nueva York, Putnam, 1996.

Glassman, Bernard y Rick Fields. *Instructions to the Cook: A Zen Master's Lessons in Living a Life That Matters*. Nueva York, Random House, 1997.

Gruetzner, Howard. *Alzheimer's: A Caregiver's Guide and Sourcebook*. Nueva York, Wiley, 1992.

Guzmán, Sandra. *The Latina's Bible: The Nueva Latina's Guide to Love, Spirituality, Family, and La Vida*. Nueva York, Three Rivers Press, 2002.

Herman, Judith, M.D. *Trauma and Recovery*. Nueva York, Basic Books, 1997.

Hirschmann, Jane R. *When Women Stop Hating Their Bodies: Freeing Yourself from Food and Weight Obsession*. Nueva York, Fawcett, 1995.

Huston, James, M.D. y Lani C. Fijitsubo, M.D. *PMDD: A Guide to Coping with Premenstrual Dysphoric Disorder*. Oakland, Calif., New Harbinger Publications, 2002.

Joko, Beck, Charlotte, y Steve Smith. *Everyday Zen: Love and Work*. Harper San Francisco, 1989.

Karp, Marcelle y Debbie Stoller. *The Bust Guide to the New Girl Order*. Nueva York, Penguin USA, 1999.

Kirchheimer, Sid, Debra Tkac y los editores de Prevention Magazine Health Books. *The Doctors' Book of Home Remedies; Over 1,200 New Doctor-Tested Tips and Techniques Anyone Can Use to Heal Everyday Health Problems*. Nueva York, Bantam Books, 1993. (En español, *Guía médica de remedios caseros: Más de 1200 técnicas y nuevas sugerencias que cualquiera puede utilizar para resolver un sin número de problemas cotidianos* [junio 1996].)

Kron, Audrey. *Meeting the Challenge: Living With Chronic Illness*. Audrey Kron, 1996.

Leith, Larry M. *Exercising Your Way to Better Mental Health: Combat Stress, Fight Depression, and Improve Your Overall Mood and Self–Concept With These Simple Exercises*. Fitness Info Tech, 1998.

Lifshitz, Aliza. *Mamá Sana, Bebé Sano/Healthy Mother, Healthy Baby*. Nueva York, Rayo, 2002.

Moore, Thomas. *The Care of the Soul. A Guide for Cultivating Depth and Sacredness in Everyday Life*. Nueva York, HarperPerennial, 1994.

Myss, Caroline. *Energy Anatomy: The Science of Personal Power, Spirituality, and Health*. Sounds True, 1997.

Nava, Yolanda. *It's in the Frijoles: 100 Famous Latinos Share Real-Life Stories. Time-Tested Dichos, Favorite Folktales, and Inspiring Words of Wisdom*. Fireside, 2000.

Norwood, Robin. *Women Who Love Too Much: When You Keep Wishing and Hoping He'll Change*. Nueva York, Pocket Books, 1991.

Oliver, Rose y Frances A. Bock. *Coping with Alzheimer's: A Caregiver's Emotional Survival Guide*. North Hollywood, Calif., Wilshire, 1989.

Patterson, Catherine M. y otros. *Nutrition and Eating Disorders: Guidelines for the Patient with Anorexia Nervosa and Bulimia Nervosa.* PM Inc., 1992.

Peck, M. Scott. *The Road Less Traveled: A New Psychlogy of Love, Traditional Values and Spiritual Growth.* Nueva York, Touchsstone Books, 1998.

Rama, Swami. *The Art of Joyful Living: Meditation and Daily Life.* Honesdale, Pa., Himalayan Institute Press, 1989.

Rilke, Rainer Maria. *Letters to a Young Poet.* Nueva York, Random House, 1997.

Rinpoche, Sogyal, Patrick D. Gaffney y Andrew Harvey. *The Tibetan Book of Living and Dying: The Spiritual Classic & International Bestseller.* Harper San Francisco, 1994.

Roberts, Jane. *The Oversoul Seven Trilogy: The Education of Oversoul Seven, The Further Education of Oversoul Seven, Oversoul Seven and the Museum of Time.* San Rafael, Calif., Amber-Allen Publications, 1995.

Rosario, Nellie. *Song of the Water Saints.* Nueva York, Pantheon Books, 2002.

Rosenthal, Norman E. *Winter Blues: Seasonal Affective Disorder: What it is and How to Overcome It.* Nueva York, Guilford Press, 1998.

Roth, Geneen. *Feeding the Hungry Heart: The Experience of Compulsive Eating.* Nueva York, Plume, 1993.

Santiago, Esmeralda. *When I Was Puerto Rican.* Vintage Books, 1994. (En español, *Cuando era puertorriqueña.*)

Sarasvati Brahmananda, Sri. *Textbook of Yoga Psychology.* Baba Bhagavandas Publication Trust, 1997.

Sinetar, Marsha. *Do What You Love, the Money Will Follow: Discovering Your Right Livelihood.* DTP, 1989.

Smyht, Angela y Chris Thompson. *Seasonal Affective Disorder:*

Who Gets It, What Causes It, How to Cure It. Thorson Press, 1992.

Somer, Elizabeth. *The Essential Guide to Vitamins and Minerals.* Nueva York, HarperCollins, 1996.

——. *Nutrition for Women: The Complete Guide.* Nueva York, Henry Holt, 1995.

Svec, Carol y Diana Dell. *The PMDD Phenomenon: Breakthrough Treatments for Premenstrual Dysphoric Disorder (PMDD) and Extreme Premenstrual Syndrome.* Nueva York, McGraw-Hill, 2002.

The PDR Family Guide to Women's Health and Prescription Drugs. Montrale, N.J., Medical Economics Data, 1994.

THE PDR Family Guide to Nutrition and Health. Montrale, N.J., Medical Economics Data, 1995.

Walker, Alice. *Possessing the Secret of Joy.* Nueva York, Washington Square Press, 1997.

Walsch, Neale Donald. *Conversations with God: An Uncommon Dialogue.* Nueva York, Putnam, 1996.

Westheimer, Ruth. *Dr. Ruth's Encyclopedia of Sex.* Nueva York, Continuum, 2000.

Wolfe, Naomi. *The Beauty Myth: How Images of Beauty Are Used Against Women.* Nueva York, Doubleday, 1992.

Zambrano, Myrna M. *Mejor sola que mal acompañada: Para la mujer golpeada/For the Latina in An Abusive Relationship.* Seattle, Seal Press, 1985. (Bilingüe inglés/español.)

——. *¡No más! Guía para la mujer golpeada.* Seattle, Seal Press, 1994.

PUBLICACIONES Y FOLLETOS

American Psychological Association (Asociación Americana de Psicología):

- *Talk to Someone Who Can Help* (http://helping.apa.org/brochure/index.htlm).

- *How Psychotheraphy Helps People Recover from Depression* (http://helping.apa.org/therapy/depression.htlm).

Clinical Depression in Women. National Mental Health Association Center, 1021 Prince Street, Alexandria, VA 22314-2971; (800) 969-6642. (También materiales en español.) Entre otros títulos, *Depression Fact Sheets* y *Depression in the Latino Community.*

Depression Is a Treatable Illness. Pamphlet No. 93-05. U.S. Department of Health and Human Services, Public Health Service, Agency for Health Research and Quality, Executive Office Center, 2101 East Jefferson Street, Suite 501, Rockville, MD 20852; (800) 358-9295 ó www.ahrq.gov.

Depression: What Every Woman Should Know. National Institutes of Health, National Institute of Mental Health; (800) 421-4211. www.nimh.nih.ahrq.gov.

Depression: You Don't Have to Feel this Way, 1999. Serie AAFP Family Health Facts. Folleto No. 1547. American Academy of Family Physicians, 11400 Tomahawk Creek Pkwy, Leawood, KS 66211-2672; (800) 944-0000.

Desórdenes del estado de ánimo o de talento: Depresión y psicosis maniaco depresiva. Se pueden solicitar copias de este folleto a National Alliance for the Mentally Ill, Colonial Place, 3, 2107 Wilson Blvd. Suite 300, Arlington, VA 22201-3042. www.nami.org; Línea de apoyo NAMI: (800) 950-6264 ó (703)-524-7600. Entre otros títulos, *Understanding Major Depression: What You Need to Know About This Medical Illness.*

Let's Talk Facts About Depression, 1994. American Psychiatric Association, Division of Public Affairs, 1400 K Street NW, Washington, DC 20005; (888) 357-7924 ó (202) 682-6220. (También materiales en español.)

Surgeon General's Report: Fact Sheet: Latinos/Hispanic Americans (http://www.mentalhealth.org/cre/fact3.asp).

What You Should Know About Women and Depression. American Psychological Association, 750 First Street NE, Washington, DC 20002-4242; (800) 374-2721 ó (202) 336-5500 ó www.apa.org/pubinfo.

LÍNEAS DE AYUDA

CDC National AIDS Hotline
(Línea nacional de ayuda para personas con SIDA)
(800) 342-2437 (inglés) ó (800) 344-7432 (español)
www.ashastd.org

Eldercare Locator
(800) 677-1116
Administration on Aging, USDHHS
Eldercare Locator: Te ayudará a identificar los servicios de ayuda en tu comunidad para ancianos y sus cuidadores.

National Domestic Violence Hotline
(Línea nacional de ayuda contra la violencia en el hogar)
(800) 799-SAFE (800-799-7233)
www.ndvh.org

National Drug and Alcohol Treatment Referral Hotline
(Línea nacional de ayuda para referir a tratamientos para la drogadicción y el alcoholismo)
(800) 662-HELP (800-662-4357) ó TDD (800) 228-0427

National Help and Referral Line (Adcare Hospital)
(Línea nacional de referencia y ayuda)
(800) 252-6465

National Herpes Hotline
(Línea nacional de ayuda para personas con herpes)
(919) 361-8488
9:00 A.M. a 7:00 P.M. hora del este, de lunes a viernes

National HPV Hotline
(Línea nacional de ayuda sobre el HPV)
(877) 478-5868

National STD Hotline (Centers for Disease Control)
(Línea nacional de ayuda: Enfermedades transmitidas por vía sexual)
(800) 227-8922

Planned Parenthood Mid–Life Services
(Servicios de planificación familiar para personas en edad madura)
(800) 230-PLAN (800-230-7526)
http://www.plannedparenthood.org/espanol/

Su–Familia Family Health Helpline
(Línea de ayuda para la familia)
National Alliance for Hispanic Health (Alianza nacional para la salud de los hispanos)
866-SuFamilia (783-2645)
www.hispanichealth.org

National Women's Health Hotline
(Línea de ayuda: Salud de las mujeres)
1-800-222-4PMS (4767)
http://www.womenhealth.com/hotline.html

Women's Health America
(Salud de las mujeres)
1289 Deming Way
Madison, WI 53717
Teléfono: 1-800-558-7046
Fax: 1-888-898-7412
wha@womenhealth.com

ORGANIZACIONES

Adult Children of Alcoholics
(Hijos adultos de alcohólicos)
P.O. Box 3216
Torrance, CA 90510
(310) 534-1815 (dejar mensaje)
www.adultchildren.org

Alan Guttmacher Insitute
1120 Connecticut Avenue NW, Suite 460
Washington, DC 20036
(202) 296-4012
www.guttmacher.org

Al-Anon/Alateen Family Group Headquarters
(Grupo anónimo para familiares de alcohólicos)
1600 Corporate Landing Parkway
Virginia Beach, VA 23454
(757) 563-1600
www.al-anon.org

Alcoholics Anonymous World Services Office
(Oficina mundial de alcohólicos anónimos)
P.O. Box 459, Grand Central Station
Nueva York, NY 10163
(212) 870-3400 ó (212) 647-1680 (reunión introductoria en la
ciudad de Nueva York)
www.alcoholics-anonymous.org

Alzheimer's Association
919 N. Michigan Avenue, Suite 1000
Chicago, IL 60611
(312) 335-8700; (800) 272-3900
www.alz.org

Alzheimer's Disease Education and Referral Center
(Centro de educación y referencia para la enfermedad Alzheimer)
PO. Box 8250
Silver Spring, MD 20907-8250
(301) 495-3311 ó (800) 438-4380
www.alzheimers.org

American Academy of Child and Adolescent Psychiatry
(Academia americana de psiquiatría infantil y del adolescente)
3615 Wisconsin Ave., N.W.
Washington, D.C. 20016-3007
(202) 966-7300
Fax: (202) 966–2891
http://www.aacap.org/

American Anorexia/Bulimia Association, Inc.
165 W 46th St., Ste. 1108
Nueva York, NY 10036
(212) 575-6200
(800) 931-2237
www.nationaleatingdisorders.org

American Association of Naturopathic Physicians
8201 Greensboro Dr.-Ste. 300
McLean, VA 22102
(703) 610-9037
www.naturopathic.org

American Association of Retired Persons Women's Initiative
(Iniciativa femenina: Asociación americana de personas jubiladas)
601 E Street NW
Washington, D.C. 20049
(202) 434-2277 ó (800) 424-3410
www.aarp.org

American College of Obstetricians and Gynecologists
(Colegio americano de obstetras y ginecólogos)
409 12th St., S.W.
P.O. Box 96920
Washington, D.C. 20090-6920
http://www.acog.org/

American Institute of Stress
(Instituto americano del estrés)
124 Park Avenue
Yonkers, NY 10703
(914) 963-1200
www.stress.org

American Medical Association
(Asociación médica americana)
515 North State Street
Chicago, IL 60610
(312) 464-5262
www.ama-assn.org

American Osteopathic Association
(Asociación americana de osteópatas)
142 East Ontario Street
Chicago, IL 60611
(800) 621-1773 ó (312) 280-5800
www.aoa-net.org

American Psychiatric Association
(Asociación psiquiátrica americana)
Division of Public Affairs
Department SG 1400 K Street NW
Washington, D.C. 20005
(202) 682-6000 ó (888) 357-7924
www.psych.org

American Psychological Association
(Asociación psicológica americana)
750 First Street NE
Washington, D.C. 20002
(800) 374-2721 ó (202) 336-5500
www.apa.org

American Social Health Association
(Asociación americana para la salud social)
PO Box 13827
Research Triangle Park, NC 27709
(919) 361-8400 ó (800) 230-6039
www.ashastd.org

Amigas Latinas en Acción Pro-Salud
240 A Elm Street
Somerville, MA 02144
(617) 776-4161

Asociación Pro-Personas Mayores
234 E. Colorado Blvd., #300
Pasadena, CA 91101
(213) 487-1922
www.health.gov/NHIC/NHICScripts

Assited Living Federation of America
10300 Eaton Place, Suite 400
Fairfax, VA 22030
(703) 691-8100
www.alfa.org

Battered Women's Justice Project
(Proyecto: Justicia para mujeres golpeadas)
4032 Chicago Avenue, South
Minneapolis, MN 55407
(800) 903-0111
www.vaw.umn.edu/bwjp

La Casa de las Madres
Para auxilio e información llame a la línea de ayuda las 24 horas:
Línea para adultos: 1-877-503-1850
Línea para adolescentes: 1-877-923-0700
Correo electrónico: info@lacasa.org
www.lacasa.org

Children of Alcoholics Foundation
(Fundación hijos de alcohólicos)
164 W 74th St.
Nueva York, NY 10023
(800) 359-2623 ó (212) 595-5810 ext. 7760
www.coaf.org

Council of Alcohol and Drug Dependent Women and Their Children Washington Office of the National Council on Alcoholism and Drug Dependence
(Consejo para mujeres dependientes del alcohol y las drogas, y sus hijos, oficina en Washington del Consejo nacional sobre la dependencia de drogas y alcohol)
1511 K Street NW, Suite 443
Washington, D.C. 20005
(202) 737-8122
www.ncadd.org

Depression After Delivery, Inc
(Depresión posparto, Inc.)
91 East Somerset Street
Raritan, NJ 08869
1-800-944-4773 (4PPD)
http://www.depressionafterdelivery.com

Depression and Bipolar Support Alliance (formerly National Depressive & Manic Depressive Association)
(Alianza de apoyo para casos de depresión y trastorno bipolar)
730 N. Franklin Street, Suite 501
Chicago, IL 60610-7204
(800) 826-3632
(312) 642-0049
Fax: (312) 642-7243
http://www.ndmda.org/

Depressive Awareness, Recognition, and Treatment Program
National Institute of Mental Health
(Programa para concientización, reconocimiento y tratamiento de
la depresión/Insituto nacional para la salud mental)
6001 Executive Blvd., Rm 8184 MSC 9663
Bethesda, MD 20892
(800) 421-4211 ó (301) 443-4513
www.nimh.nih.gov

Family Caregiver Alliance
690 Market Street, Suite 600
San Francisco, CA 94104
Teléfono: (415) 434-3388
Fax: (415) 434-3508
Correo electrónico: info@caregiver.org
http://www.caregiver.org/

Food and Drug Administration
Office of Consumer Affairs
Parklawn Building-Room 16-85
5600 Fishers Lane
Rockville, MD 20857
(301) 827-5006 ó (888) 463-6332
www.fda.gov

Health Resource Center on Domestic Violence
(Centro de recursos de la salud contra la violencia en el hogar)
(888) 792-2873
(888-RX-ABUSE)
www.endabuse.org

Knowledge Exchange Network Center for Mental Health
(Centro de red de intercambio de conocimientos para servicios de
la salud mental)
PO. Box 42490
Washington, D.C. 20012
(800) 789-2647
www.mentalhealth.org

Latin American Health Institute
(Instituto latinoamericano de la salud)
95 Berkeley Street
Boston, MA 02116
Teléfono: (617) 350-6900
Fax: (617) 350-6901
TTY: (617) 350-6914
Correo electrónico: hr@lhi.org
www.lhi.org

MANA, A National Latina Organization
(MANA: Organización nacional latina)
1725 K Street, NW, Suite 501
Washington, D.C. 20006
(202) 833-0060
Fax: (202) 496-0588
www.hermana.org

Mental Health Infosource
(Fuente informativa sobre la salud mental)
http://www.mhsource.com/
http://www.healthieryou.com/

National Alliance for Caregiving
(Alianza nacional para cuidadores)
4720 Montogomery Lane
Suite 642
Bethesda, MD 20814
Correo electrónico: gailhunt.nac@erols.com
http://www.Caregibving.org/

National Alliance for Hispanic Health
(Alianza nacional para la salud de los hispanos)
1501 Sixteen Street, NW
Washington, D.C. 20036
Teléfono: (202) 387-5000
Correo electrónico: alliance@hispanichealth.org
http://www.hispanichealth.org/

National Alliance for Research on Schizophrenia and Depression (NARSD)
(Alianza nacional para la investigación de la esquizofrenia y la depresión)
60 Cutter Mill Road Suite, 404
Great Neck, NY 11021 USA
Línea principal: (516) 829-0091
Fax: (516) 487-6930
Línea informativa: 1 (800) 829-8289
Correo electrónico: infor@narsad.org
http://www.narsad.org

National Association of HispanicNurses
(Asociación nacional de enfermeras hispanas)
1501 Sixteen Street, NW
Washington, D.C. 20036
Teléfono: (202) 387-2477
Fax: (202) 483-7183
Correo electrónico: TheHispanicNurse@earthlink.net
www.thehispanicnurses.org

National Alliance on Mental Ill (NAMI)
Colonial Place Three
2107 Wilson Blvd., Suite 300
Arlington, VA 22201
(703) 524-7600
NAMI: Línea de ayuda: 1 (800) 950-NAMI [6264]
http://www.nami.org/

National Association for Children of Alcoholics
(Asociación nacional para hijos de alcohólicos)
11426 Rockville Pike, Suite 100
Rockville, Maryland 20852
Teléfono: (888) 55-4COAS
6 (301) 468-0985
Fax: (301) 468-0987
Correo electrónico: NACoA@nacoa.org
www.nacoa.org

National Cancer Institute Cancer Information Services
(Instituto nacional del cáncer: Centro de servicios informativos)
Building 31, Room 10A03
31 Center Dr. MSC 2580
Bethesda, MD 20892-2580
(800) 4CANCER (800-422-6237)
www.cancernet.nci.nih.gov/ncipubs/

National Center for Complementary and Alternative Medicine
(Centro nacional para medicina complementaria y alternativa)
National Institutes of Health
NCCAM Clearinghouse
PO. Box 8218
Silver Spring, MD 20907-8218
(301) 589-5367
(888) 644-6226
www.nccam.nih.gov

National Center for Homeopathy
(Centro nacional para la homeopatía)
801 North Fairfax Street, Suite 306
Alexandria, VA 22314
(703) 548-7790 ó (877) 624-0613
www.homeopathic.org

National Coalition Against Domestic Violence
(Coalición nacional en contra de la violencia en el hogar)
P.O. Box 18749
Denver, CO 80218
(303) 839-1852
www.ncadv.org

National Consumer's League
(Liga nacional de consumidores)
1701 K Street NW, Suite 1201
Washington, D.C. 20006
(202) 835-3323
www.natlconsumersleague.org

National Council on Alcoholism and Drug Dependence
12 West 21st Street, 7th Floor
New York, NY 10010
(800) 622-2255 ó (212) 206-6770 ó (800) 475-4673
www.ncadd.org

National Council on Patient Information and Education
(Consejo nacional sobre información y educación del paciente)
4915 St. Elmo Ave., Ste. 500
Bethesda, MD
(301) 656-8565
www.talkaboutRx.org

**National Depressive and Manic Depressive Association
(NDMDA)**
http://www.ndmda.org/depression.html

National Depressive and Manic-Depressive Association
730 N. Franklin, Suite 501
Chicago, IL 60601
(800) 826-3632 ó (312) 642-0049
www.dbsalliance.org

National Foundation Caregivers Association Inc. (NFCA)
10400 Connecticut Avenue, #500
Kensington, MD 20895-3944
Teléfono: 1 (800) 896-3650
Fax: (301) 942-2302
Correo electrónico: info@nfcacres.org
http://www.mfcacares.org/

National Foundation for Depressive Illness (NAFDI)
PO. Box 2257
Nueva York, NY 10116
1 (800) 248-4344
1 (800) 239-1265
http://www.depression.org/

National Health Council
1730 M Street, NW, Suite 500
Washington, D.C. 20036-4505
(202) 785-3910
www.nhcouncil.org

National Health Information Center
PO. Box 1133
Washington, D.C. 20013-1133
(800) 336-4797
www.4woman.gov

National Hispanic Council on Aging
(Consejo nacional hispano sobre el envejecimiento)
2713 Ontario Rd., NW
Washington, D.C. 20009
(202) 265-1288
Fax: (202) 745-2522
Correo electrónico: nhcoa@nhcoa.org
www.nhcoa.org

National Hispanic Medical Association
(Asociación nacional hispana de medicina)
NHMA Office
1411 K Street, N.W. Suite 200
Washington, D.C. 20005
Teléfono: (202) 628-5895
Fax: 628-5898
www.nhma.org

National Institute of Allergy and Infectious Diseases
(Instituto nacional de alergias y enfermedades infecciosas)
Building 31, Room 7A50
31 Center Dr. MSC 2520
(301) 496-5717
www.niaid.nih.gov

National Institute of Mental Health
(Instituto nacional para la salud mental)
6001 Executive Blvd.
Rm 8184, MSC 9663
Bethesda, MD 2089-9663
(301) 443-4513
Fax: (301) 443-4279
TTY (301) 443-8431
www.nimh.nih.gov

The National Mental Health Association (NMHA)
(La asociación nacional de la salud mental)
2001 N. Beauregard Street, 12th Floor
Alexandria, VA 22311
Teléfono: (703) 684-7722
Fax: (703) 684-5968
Centro de recursos: Salud Mental (800) 969-NMHA [6642]
TTY: (800) 433-5959
http://www.nmha.org/

National Mental Health Association
(Asociación nacional de la salud mental)
1021 Prince Street
Alexandria, VA 22314-2971
(800) 969-6642 ó (703) 684-7722
www.nhma.org

National Hospice and Palliative Care Organization
(Organización nacional de hospicios y cuidados paliativos)
1700 Diagonal Rd., Ste. 300
Alexandria, VA 22314
(703) 837-1500
www.nhpco.org

National Institute on Aging Information Center
(Centro nacional de información sobre el envejecimiento)
PO. Box 8057
Gaitherburg, MD 20898-8057
(800) 222-2225
www.nih.gov/nia

National Latina Health Network
(Red nacional de la salud latina)
1680 Wisconsin Avenue, NW
Second Floor
Washington, D.C. 20007
(202) 966-9633
(202) 966-9637
info@nationallatinahealthnetwork.com ó nlhn@erols.net
http://www.nationallatinahealthnetwork.com

National Latina Health Organization
(Organización nacional de la salud latina)
www.clnet.ucr.edu

National Latino Alliance for the Elimination of Domestic Violence
(Alianza nacional latina para la eliminación de la violencia en el hogar)
PO. Box 672
Nueva York, NY 10035
Teléfono: (646) 672-1404 ó 1 (800) 342-9908
Fax: 1 (800) 216-2404
Correo electrónico: amedina@DVAlianza.org
www.dvalianza.org

National Latino Fatherhood and Family Institute
(Instituto nacional para la paternidad y la familia latina)
5252 East Berverly Blvd
Los Ángeles, Ca. 90022
Teléfono: (323) 728-7770
Fax: (323) 728-8666
http://www.nlffi.org/

National Mental Health Consumers' Self-Help Clearinghouse
(Centro nacional de intercambio de información para la salud mental del consumidor)
1211 Chestnut Street, Ste. 1207
Philadelphia, PA 19107
(800) 553-4539 (inglés); (800) 553-4539 ext. 290 (español); ó
(215) 751-1810
www.mhselfhelp.org

National Organization for Seasonal Affective Disorders (NOSAD)
(Organización nacional sobre trastornos afectivos asociados a cambios de estación)
http://www.nosad.org/

National Patient Empowerment Council
(Consejo nacional de fortalecimiento del paciente)
56 Maple Lane
Blairstown, NJ 07825
(908) 362-5498

National PMS Society
PO. Box 11467
Durham, NC 27703
(919) 489-6577

National Public Health Information Coalition
(Coalición nacional de información de la salud pública)
604 Lullingstone Dr.
Marietta, GA 30067
(770) 509-5555
www.nphic.org

National Resource Center on Domestic Violence
(Centro nacional de recursos sobre la violencia en el hogar)
6400 Flank Drive, Suite 1300
Harrisburg, PA 17112-2778
(800) 537-2238
www.fvpf.org

National Women's Health Information Center (NWHIC)
(Centro nacional de información de la salud de la mujer)
Office on Women's Health—U.S. Department of Health and Human Services
8550 Arlington Blvd., Suite 300
Fairfax, VA 22031
1 (800) 994-WOMAN (1-800-994-9662)
1 (888) 220-5446 para personas con problemas de audición
www.4woman.gov

National Women's Health Network and Women's Health Network Clearinghouse
(Red nacional de salud de las mujeres y centro nacional de intercambio de información de la red de salud de las mujeres)
514 10th Street NW, Suite 400
Washington, D.C. 20004
(202) 347-1140
www.womenshealthnetwork.org

National Women's Health Resource Center
(Centro nacional de recursos de la salud de las mujeres)
120 Albany Street, Suite 820
New Brunswick, NJ 08901
(877) 986-9472
www.womenshealthnetwork.org
www.healthywomen.org

National Women's Health Resource Center
(Centro nacional de recursos de la salud de las mujeres)
5255 Loughsboro Rd.
Washington. D.C. 20016
(877) 986-9472
www.healthywomen.org

North American Menopause Society
(Sociedad norteamericana de la menopausia)
PO. Box 94527
Cleveland, OH 44101-4527
Teléfono: (440) 442-7550
Fax: (440) 442-2660
Correo electrónico: info@menopause.org
http://www.menopause.org/

Older Women's League
(Liga de mujeres mayores)
666 11th Street NW, Suite 700
Washington, D.C. 20001
(202) 783-6686 ó (800) 825-3695
www.owl-national.org

Partnership for Caring
(Asociados para cuidar)
1035 30th St. W
Washington, D.C. 20007
(800) 989-9455
www.partnershipforcaring.org

Planned Parenthood Federation of America
(Federación americana para planificación familiar)
810 Seventh Avenue
New York, NY 10019
(212) 541-7800
(800) 829-7732
www.plannedparenthood.org

Prevención, Inc.
3057 Fourth St., NE
Washington, D.C. 20017
(202) 832-6544
www.prevencion.org

Rape, Abuse and Incest National Network
(Red nacional para la violación, el abuso y el incesto)
635-B Pennsylvania Ave., SE
Washington, D.C. 20003
Teléfono: (202) 544-1034 ó
1 (800) 656-HOPE
1 (800) 656-4673 ext. 3
Fax: (202) 544-3556
Correo electrónico: info@rainn.org
www.rainn.org

Society for Light Treatment and Biological Rhythms (SLTBR)
(Sociedad para tratamiento luminoso y ritmo biológico)
P.O. Box 591687
174 Cook Street
San Francisco, CA 94159-1687
Fax: (415) 751-2758
Correo electrónico: sltbrinfo@aol.com
http://www.sltbr.org/

2000 Freedom from Fear (Anxiety and Depressive Disorders)
(2000: Librarse de los miedos—trastornos de ansiedad y depresión)
308 Seaview Ave.
Staten Island, NY 10305 USA
(718) 351-1717
www.freedomfromfear.org

Women for Sobriety
(Mujeres por la sobriedad)
PO. Box 618
Quakertown, PA 18951-0618
(215) 536-8026
www.womenforsobriety.org

YMCA Encore Plus Program
Office of Women's Health Initiatives
624 9th Street NW, 3rd floor
Washington, D.C. 20001-5305
(202) 628-3636 ó (800) 95-EPLus
www.yweaencore.org

PÁGINAS WEB

Center for Advancement of Health: http://www.cfah.org/

Center for Research on Chronic Illness (CRCI): http://www.unc.edu/depts/crci/

Chronic Illness Alliance (CIA): http://www.chronicillness.org.au/

Medical and Psychological Resource Network: http://www.supportpilot.com/

National Chronic Pain Outreach Association Inc.:
http://neurosurgery.mgh.harvard.edu/ncpainoa.htm

PMS Solutions: http://www.pmsolutions.com/

Postpartum Support Inernational: http://www.postpartum.net/

Women's Health Channel:
http://www.womenshealthchannel.com/

Otras páginas Web:

www.aafp.org/afp/20021001/1253ph.html

www.alsofa.org

www.buenasalud.com

www.centerforloss.com

www.depression.about.com

www.depression.org

www.empoweringlatinas.com

www.familydoctor.org

www.fwch.org/menopause

www.goodgrief.aust.com

www.health.org

www.health-science.com/menopause

www.Himalayainstitute.org

www.menopause-online.com

www.menopause.org

www.mentalhealth.com

www.nmha.org

www.plannedparenthood.org/womenshealth/menopause

www.pmdd.factsforhealth.org/

www.prevencion.org

www.psycom.net

www.syunica.gov

www.suite101.com

www.suite101.com/welcome.cfc/perimenopause

www.urbanlatina.com (secciones sobre asalto sexual, violencia doméstica y salud reproductiva)

www.vday.org

www.women.com/health/menopause

www.womens-health.com/health_center/mental/depress.pms.html